D1359702

Relatos de ciencia

Libros del Rincón

ADN
Editores, S.A. de C.V.

SECRETARÍA DE
EDUCACIÓN
PÚBLICA | SEP

Sistema de clasificación Melvil Dewey DGMyME

502
S26
2001   Sánchez Mora, Ana María
          Relatos de ciencia /Ana María Sánchez Mora. — México : SEP : ADN Editores,
          2001.
          128 p. — (Libros del Rincón)

          ISBN: 970-18-7358-0 SEP

          1. Ciencia - Obras de divulgación. I. t. II. Ser.

Primera edición SEP / ADN Editores, 2001

D.R. © ADN Editores, S.A. de C.V.
        Bulevar Adolfo López Mateos 152, despacho 503-504,
        colonia Merced Gómez, 03930, México, D.F.

D.R. © Secretaría de Educación Pública, 2001
        Argentina 28, Centro,
        06020, México, D.F.

ISBN: 968-6849-41-6 ADN
ISBN: 970-18-7358-0 SEP

Impreso en México

Ana María Sánchez Mora

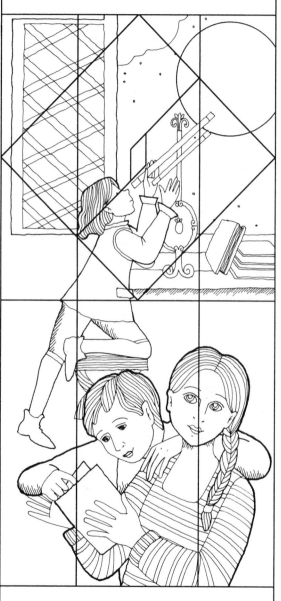

Relatos
de ciencia

Índice

Presentación

A mediados de 1980 recibí un aviso de conciencia. Al mismo tiempo que terminaba mi tesis de maestría en física, escribí un cuento sobre ciencia que envié a una revista. Quisieron las circunstancias que el mismo día en que presenté mi examen de grado apareciera publicado dicho cuento.

La disyuntiva se me planteó de la siguiente manera: eran igualmente satisfactorios para mí el trabajo que cuajaba en la obtención de un grado académico y la noción de poder comunicarme con un público amplio.

Recordé entonces aquella primera disyuntiva al finalizar la preparatoria: ciencia o literatura, que resolví en favor de la primera. Años después se presentaba nuevamente pero matizada por experiencias diferentes. Decidí que no debía renunciar a ninguna de mis dos vocaciones y que la conjunción ideal de esas dos actividades era la divulgación científica.

El Centro Universitario de Comunicación de la Ciencia de la UNAM en general, y el doctor Luis Estrada en particular, me brindaron la oportunidad de trabajar, de manera que llamaría profesional, en divulgación de la ciencia. Mi idea de que en esta labor más vale una chispa que provoque una reflexión que una antorcha que al tratar de iluminarlo todo acabe incendiando el entusiasmo del lego, me impulsó a escribir una serie de pequeños trozos que he reunido bajo el título de *Relatos de ciencia*. La mayor parte de éstos aparecieron en publicaciones del CUCC.

Entre estos breves escritos se hallan ensayos cortos, cuentos y farsas. A más de su brevedad, todos tienen en común la idea de atraer la atención del lector hacia un tema científico no necesariamente evidente. En la mayoría de ellos existe una tendencia crítica y un tratamiento humorístico.

Mi esperanza es que, independientemente de su tema, puedan leerse como cualquiera (buena o mala) obra literaria. Sin embargo, para facilitar su lectura a aquellos no versados en ciencia, he añadido a cada relato una brevísima introducción que se refiere al tema científico correspondiente.

A.M.S.M., mayo de 1996

1

Ahmad Ibn Hazam y la constante de Planck

Pocos estilos hay tan imitados como el de Borges en sus cuentos. La mezcla que hace de ficción y realidad (tramposa, según sus detractores) tiene un gran atractivo para la imaginación. Citas de libros que nunca se escribieron, personajes famosos que la historia no registra... Con estos y otros recursos es posible imaginar a un sabio árabe del siglo XV calculando una constante universal que sólo tiene sentido a partir del descubrimiento, en 1900, de la cuantización de la energía.

 Pocos de ustedes han de saber que en el siglo XV de nuestra era, en la España dominada por los árabes, Ahmad Ibn Hazam calculó por primera vez en la historia el valor de la constante de Planck.

Ahmad Ibn Hazam, estudioso de las ciencias ocultas legadas a los árabes por los sacerdotes egipcios, vivía en las afueras de la ciudad de Córdoba. La tradición narra que desde el amanecer hasta el ocaso Ibn Hazam permanecía sumido en la lectura de los gruesos volúmenes que cubrían su mesa de trabajo, interrumpiendo sus estudios sólo a la hora de las plegarias. ¿Qué estudiaba Ibn Hazam? ¿Qué misterio lo mantenía atado a una labor aparentemente interminable? ¿Por qué con tanta frecuencia consultaba un papiro amarillento?

En el párrafo tercero de la parte XLII del *Libro de los Muertos*, se lee: "El gran Ra salió de su morada celeste para castigar a los impuros que habían despreciado a los dioses en su corazón. Los rayos emanados del disco solar, al tocar sus cuerpos, se convirtieron en candentes proyectiles de oro de tamaño tan pequeño que no podían verse, e hirieron a los impuros, aniquilándolos."

El carácter de estas líneas permaneció velado hasta que, en el año 642 de nuestra era, Amr Ibn Al-As ocupó Egipto y los libros sagrados de los egipcios fueron conocidos por los árabes. Los estudiosos terminaron viendo en aquel trozo una revelación respecto a la naturaleza de los rayos solares y su posible conversión en oro.

Fue el sabio Abul Al-Manzur el primero en dedicarse seriamente a encontrar la fórmula cabalística que permitiera hacer realidad la revelación contenida en el *Libro de los Muertos*. A la edad de 109 años la muerte lo sorprendió, y fue Ahmad Ibn Hazam, su discípulo predilecto, el responsable de continuar el cálculo.

En el año de 1486, casi al final del dominio musulmán en la península, Ibn Hazam logró concluir el laborioso trabajo. Previendo los malos tiempos por venir y temeroso de que la valiosa fórmula se perdiera, la apuntó en una página de su *Corán* unos días antes de partir rumbo a África.

No se conoce nada sobre el resto de la vida de Ahmad Ibn Hazam, ni de la manera en que el *Corán* en que se encuentra la fórmula cabalística sobrevivió durante cinco siglos sin ser destruido.

2

En 1974, durante un viaje por varios países de Europa y Asia, tuve la oportunidad de conocer la biblioteca de la Universidad de Riyadh, famosa por sus libros antiguos. Entre el *De divisione naturae* de Erígena y un original del *Novum organum* de Bacon, encontré el *Corán* que perteneció a Ahmad Ibn Hazam.

El placer de contemplar un libro tan antiguo me hizo hojearlo detenidamente, aun sin entender un solo símbolo arábigo. Pero no dejó de sorprenderme que, entre la regularidad de la escritura característica de todo el manuscrito, en alguna página, intercalada entre las líneas originales, se encontraba una escritura de aspecto muy diferente.

La circunstancia afortunada de que la siguiente escala de mi viaje era la ciudad de Kahibar, donde se llevaba a cabo en esos días la reunión anual de los sunnitas, me decidió a obtener una fotocopia de la hoja en cuestión; se me ocurrió que la escritura añadida podría ser de ayuda para los estudiosos de las fuentes de la fe.

En la reunión fui amablemente recibido por el doctor Abul-Abbas, uno de los más grandes conocedores del *Corán*.

Tres días tardó el sabio en descifrar el párrafo añadido y finalmente me informó que no se trataba de un comentario religioso. Más bien parecía ser una fórmula de las que se utilizaban en el antiguo Egipto con fines mágicos. La traducción rezaba así:

"El uno dividido tantas veces la altura de la Gran Pirámide dividido tantas veces como minutos tarda Venus en dar la vuelta al Sol dividido tantas veces como el cometa Al-Araz tarda en pasar entre Mercurio y el Sol dividido tantas veces como el Sol es más luminoso que la Luna, dividido tantas veces como se puede partir un pfad de oro sin que deje de serlo, dividido tantas veces la distancia del Sol a la Tierra doblemente. Alá es el único Dios."

3

Al regreso de mi viaje me dediqué a llevar a cabo los cálculos que se indicaban en la fórmula de Ahmad Ibn Hazam. Debo decir que fue un trabajo muy arduo, en parte por las unidades de medida utilizadas hace tanto tiempo por los árabes y en parte por los datos astronómicos que debían corresponder exactamente a los de aquella época, incluyendo errores atribuibles al estado de la ciencia de entonces. Tuve que investigar también el correspondiente del cometa Al-Araz en occidente y la equivalencia de un pfad. El problema de la luminosidad del Sol y la Luna, contrariamente a lo que esperaba, no presentó mayor dificultad, pues es un valor que, aunque disparatado para nuestra época, viene dado en el famoso tratado *Six Centuries of Arabian Astronomy* del fallecido Sir Lewis Arnold.

Al cabo de varios meses de trabajo, obtuve como resultado 0.00000000000000000000000000000006625, que es igual a la constante de Planck.

Algunos de ustedes se preguntarán por la utilidad que hubiera podido tener en el siglo XV una constante que hasta el siglo XX tuvo sentido para la ciencia. Ésta es una pregunta a la que, por ahora, no me es posible responder. Sin embargo, me he propuesto estudiar concienzudamente el árbol genealógico de Planck en busca de sangre árabe en alguna de sus ramas.

2

La compañía de luz

Llamamos "luz" a la electricidad que llega a nuestros hogares. Si no pagamos el recibo bimensual, nos cortan la "luz". Pero la luz, sin entrecomillar, es una onda electromagnética. Y existen personas honradas que no quieren dejar cuentas sin saldar.

 Personajes: una señora gorda, fachosa, en tubos, con una bolsa de mandado; un empleado típico de la compañía de luz; un supervisor.

Empleado. El siguiente...

Señora. LA. Dirá usted LA siguiente.

Empleado. Sí, señora. ¿En qué puedo servirle?

Señora. Mire usté, joven, soy abonada de la compañía de luz desde hace catorce años. Sí, justamente la edad de la Chiquis.

Empleado. Sí, dígame...

Señora. Señor, estos catorce años he pagado con toda puntualidad los recibos que esta compañía me manda a su casa de usté.

Empleado. ¿Y cuál es el problema?

Señora. Momento. El único bimestre que tuve que pagar recargos fue cuando a mi marido lo corrieron de la fábrica y nos quedamos bien amolados.

Empleado. Sí, señora. Entonces, ¿cuál es el problema?

Señora. Fuera de ese bimestre, que a fin de cuentas pagamos con recargos, mis cuentas con ustedes están a mano.

Empleado. ¿Entonces? Por favor, señora, que hay gente esperando.

Señora. Sí, joven, yo también esperé mi turno y exijo que se me atienda.

Empleado. Dígame, señora.

Señora. Mire usté, mi marido, después de que lo despidieron de la fábrica, tuvo suerte de entrar en un lugar donde pudo estudiar la nocturna.

Empleado. ¿Y en la noche se va mucho la luz?

Señora. Escúcheme joven, no se meta. El caso es que ya va en tercero de secundaria.

Empleado. Señora, dispénseme, pero...

Señora. Sí, ya sé, voy al grano. El maestro de física, física, ¿eh?, le acaba de decir antier a mi marido que la luz no es sólo eléctrica.

Empleado. ¿Cómo dice?

Señora. Como lo oye y por si usté no lo sabía, es electricidá y es manetismo.

Empleado. ¿Y eso a mí qué me importa?

Señora. No se exalte, joven, cálmese. No me levante la voz. Lo único que yo quisiera saber, si usted tiene a bien decírmelo, es por qué esos catorce años sólo nos han cobrado la electricidá.

Empleado. Pero señora, no entiendo.

Señora. Le estoy diciendo claramente. ¿Por qué en los recibos no aparece la otra parte?

Empleado. Pero, ¿cuál parte, señora?

Señora. La manética, le digo. ¿Está usté sordo?

Empleado. No sé de qué me habla. Sus recibos están pagados, ¿no es así? Bueno, no hay problema.

Señora. Es que, joven, me puse a hacer cuentas anoche. Suponiendo que valga igual la electricidá que el manetismo, en esos catorce años debería haber pagado...

Empleado. Señora, lo que aparece en su recibo, y que usted paga, es lo único que ...

Señora. No joven, a mí no me venga con ésas. A Chole mi vecina no le llegó el predial en once años y ahora debe algo así como...

Empleado. Señora, no se haga bolas. El predial es el predial y la luz es la luz.

Señora. Sí, pero todo lo que pido es que me diga cuándo van entonces a cobrar el manetismo, porque no quiero que me llegue de sopetón la cuentota.

El empleado la mira, se levanta y se va a servir un café.

Supervisor. ¿Algún problema, Juan?

Empleado. Sí. Otra vieja molesta por eso de los impuestos.

3

El espacio espinorial

Los espinores son objetos matemáticos que habitan el espacio complejo: toda una abstracción. Pero, ¿acaso la imaginación no nos permite viajar a todos los espacios posibles?

 Era el doctor V... un auténtico sabio. Dominaba las ciencias exactas y no había un solo resultado de la física que le fuese desconocido. Su cátedra en la facultad de G... se veía cada año pletórica de estudiantes deseosos de absorber hasta el último de sus conocimientos. Se decía (aunque no me consta) que en algún tiempo se carteó con Heisenberg y Dirac (tampoco se sabe que le respondieran, lo cual no le resta mérito a su gloria).

Sus aportaciones a la física moderna llenaban páginas en las revistas especializadas e incluso sus trabajos llegaron a traducirse al húngaro.

Pero la mayor parte de su vida la había dedicado el doctor V... a la ampliación, axiomatización y aplicación de todos los conceptos concernientes al espacio 2-C complejo, el espacio de los espinores. Puede decirse, sin temor a exagerar, que el más grande conocedor de espinores de todos los tiempos era el doctor V... No había secreto, por complicado que fuese, que desconociera respecto a espinores. Los contraía, los derivaba, los rotaba, los clasificaba. En una palabra, los dominaba. Pero... sólo en el papel.

Porque he aquí que el doctor V... llega a los 75 años de vida y se da cuenta de que ese ente llamado *espinor*, al que maneja y diseca, es un fantasma, una abstracción matemática que habita en algún lugar llamado espacio espinorial, pero al que jamás ha visto, olido, tocado.

No es mi intención en este momento desviarme del tema que nos ocupa, pero me viene a la mente el comentario que hizo una sobrina del doctor V... cuando supo de las ideas que preocupaban al anciano: "Pero tío, si los manejas, utilizas y comprendes, en fin, si sabes para qué sirven, qué puede importarte cómo son y cómo viven."

"Lógica femenina", contestó molesto el sabio. "A las mujeres no les importa manejar dinero hipotético en una tarjeta de cartón y se sienten poseedoras de ese dinero aunque nunca hayan tocado un billete."

En fin, que el doctor V... a los 75 años, con una fructuosa vida científica detrás, decidió tener contacto físico con los espinores, para lo cual era preciso materializar de alguna manera a un espinor, es decir, mediante algún mecanismo "tomar" del espacio 2-C un espinor y trasladarlo a nuestro mundo.

Y con un tesón digno de semejante causa, puso manos a la

obra. Mandó traer de A... los más complicados circuitos, diseñó, probó, armó. Pasaron meses de intenso trabajo, noches en vela, días interminables. (Cabe aclarar aquí que el doctor V... era soltero, por lo cual no sufría interrupciones en su trabajo.)

Bulbos, transistores, ferritas, superconductores, nada se escatimó en la construcción del aparato.

Y llegó el esperado día en que concluyó su proyecto. El doctor V... mandó traer comida caliente de la fonda (tampoco tenía quién le cocinara) y se encerró en su laboratorio. Por fin sabría cómo es un espinor, lo tocaría, lo vería y hasta, ¿por qué no?, podría fotografiarlo para su álbum de recuerdos.

Sobre la duración de la estancia del espinor en este mundo, se daría por satisfecho con verlo durante un segundo. Su única duda era si llamarlo señor espinor o simplemente por su nombre de pila. Ocupaban aún su mente estas posibilidades, cuando encendió la máquina y oprimió el botón *feed control optimization*.

Y he aquí que un ruido ensordecedor llenó la habitación y una luz potentísima cegó momentáneamente al ilustre sabio.

Un error, un pequeñísimo error en el circuito a-127 había dado al traste con el esfuerzo de meses, la esperanza final de una vida.

La máquina había explotado.

¿Qué hace el hombre de ciencia en estos casos? ¿Abandona el trabajo, la razón de su existencia?

El doctor V... no se da por vencido. Ha investigado durante 54 años y sabe por experiencia que siempre habrá tropiezos, pero que el esfuerzo final es coronado por el éxito. Y con redoblada energía procede a construir otro aparato.

Pero ha variado el diseño. Ha decidido dar un paso más espectacular que el anterior. Irá él mismo a buscar un espinor a su espacio. No me pregunten detalles técnicos, pues los desconozco. Sólo sé que la nueva máquina era una especie de baño sauna en la que el candidato a viajar al espacio espinorial se sentaba, cerraba la media puerta y desde dentro accionaba el botón apropiado.

El doctor V... revisó cuidadosamente cada circuito, cada cable. Esta vez tendría éxito.

Se puso su mejor traje, corbata y hasta sombrero; se sentó, cerró la puerta y exhalando un suspiro de satisfacción, oprimió el botón...

Era la hora de comer en casa de la familia Φ_{ab}. La esposa sirvió la sopa y se ocupó en freír unas chuletas. Una exclamación de asco la hizo voltear. Su marido señalaba en su plato a una mosca que nadaba entre las papas.

4

El calor del infierno

Así como la Biblia contiene sus verdades, la termodinámica esgrime las suyas. Pero ni tratándose del temido infierno es prudente mezclarlas.

 El Reverendo Jones sentado a su escritorio. Escribe. Entra repentinamente el Diácono Murdoch.

Diácono. Reverendo Jones... Reverendo Jones...
Reverendo. Shh, silencio Diácono Murdoch. Estoy trabajando en mi sermón del domingo.
Diácono. Precisamente de eso quiero hablarle. Usted planeó un sermón sobre el cielo y el infierno. ¿No es así Reverendo?
Reverendo. Sí, Diácono. La Fe, la Esperanza y la Caridad parecen

desconocidas a mis feligreses. Quiero mostrarles dónde van a acabar. En el crujir de dientes del infierno. En cambio, los buenos...

Diácono. Irán al cielo. ¿No es así, Reverendo?

Reverendo. Por supuesto, Murdoch.

Diácono. Pues, Reverendo, prefiero ir al infierno.

El Reverendo Jones da un manotazo en la mesa, indignado.

Reverendo. ¡Cómo, Diácono! ¿Blasfema usted?

Diácono. Sí... quiero decir, no. Es decir... acabo de descubrir que el cielo es más caliente que el infierno.

Reverendo. Diácono Murdoch, si se trata de una broma, de una grosera broma...

Diácono. No, Reverendo, lo he descubierto al leer la Biblia. El cielo es más caliente que el infierno. Escuche usted (busca en su Biblia). Aquí está, Isaías 30.26. "Más aún la luz de la Luna será como la luz del Sol y la luz del Sol será siete veces la luz de siete días." ¿No es así, Reverendo Jones?

Reverendo. Isaías, sí. De acuerdo. ¿Y qué con eso?

Diácono. Pues bien. Por tanto, el cielo recibe de la Luna tanta radiación como nosotros del Sol y en añadidura siete veces siete tanta como la Tierra recibe del Sol, o sea, cincuenta veces en total. ¿Me sigue usted?

Reverendo. Continúe.

Diácono. La luz que recibimos de la Luna es un diezmillonésimo de la luz que recibimos del Sol, por lo que podemos ignorarla. ¿De acuerdo?

Reverendo. De acuerdo.

Diácono. Con estos datos podemos calcular la temperatura del cielo. La radiación que llega al cielo lo calentará hasta el punto en que el calor perdido por radiación sea igual al calor recibido por radiación. En otras palabras, el cielo pierde 50 veces tanto calor como la Tierra por radiación.

Reverendo. Continúe, Murdoch.

Diácono. Usando la Ley de Stefan-Boltzmann —recuerde usted, la temperatura va a la cuarta potencia— obtengo que la temperatura del cielo es de 525 grados Celsius.

Reverendo. Je, eso no prueba nada, Murdoch.

Diácono. Momento, Reverendo. Falta la temperatura del infierno. La temperatura del infierno no presenta mayor problema. Según el pasaje (busca en su Biblia); el pasaje de las Revelaciones 21.8, que dice "pero los temerosos y descreídos... tendrán su sitio en el lago donde se quemarán con fuego y piedra de azufre".

Reverendo. Así dice, en efecto.

Diácono. Pues bien. Un lago de piedra de azufre fundido significa que su temperatura debe ser más baja que el punto de ebullición del azufre, que es de 444.6 grados Celsius. Tenemos entonces que si la temperatura del cielo es 525 grados y la del infierno no mayor de 445, entonces el cielo es más caliente que el infierno.

Silencio. El Diácono sonríe satisfecho. Jones medita. Sonríe a su vez.

Reverendo. Lo siento Murdoch. Su secuencia lógica tiene una falla. Un error que desmorona toda su argumentación y por ende su conclusión.

Diácono. No es posible, Reverendo. Yo me he basado en la Biblia.

Reverendo (benevolente). Oh, Diácono, no está allí su error. Me temo que la ley de Stefan-Boltzmann que usted ha utilizado, se refiere exclusivamente a la radiación de cuerpo negro.

El Diácono pasa de la satisfacción al asombro a la decepción.

Diácono. Tiene usted razón, Reverendo. Siento mucho haberlo interrumpido. Dispénseme.

Sale el Diácono Murdoch. El Reverendo vuelve a su sermón. Se detiene y queda pensativo. Borra.

Reverendo. Por si las dudas, pondré hierro en lugar de azufre...

5

Relato de la señora María N.

En 1861, el médico vienés Ignaz Semmelweiss descubrió que los practicantes del Hospital General de Viena pasaban de la sala de autopsias al pabellón de obstetricia sin siquiera lavarse las manos. Ordenó entonces la desinfección de las manos de los practicantes con cal clorurada y con esta medida logró abatir la mortalidad por fiebre puerperal.

 Soy una mujer humilde, sencilla, pobre entre las pobres. Desde niña conocí de penurias y de males. Me casé joven con la esperanza de tener un porvenir menos oscuro, pero la fortuna dispuso otra cosa para mí. Mi marido, que en paz descanse, trabajó toda su vida en las minas de carbón. Cuando iba a nacer nuestro sexto hijo, Rudolf enfermó de los pulmones. El poco dinero que teníamos se fue en médicos y medicinas que sólo sirvieron para prolongar sus sufrimientos. Murió finalmente con su mano entre las mías, dejándome en el desamparo con cinco criaturas y otra en camino.

Logré colocar a los dos mayores con una hermana de mi difunto Rudolf y esperé hasta el último momento para dejar a los menores con la mujer de mi primo. Las comadronas que me habían atendido en mis partos anteriores se negaron a hacerlo esta vez porque —confesaron sin el menor asomo de vergüenza— yo no podría pagarles. El único médico cercano estaba ausente la tarde que nació mi Ignaz.

Finalmente un vecino se compadeció de mí y en medio ya de los dolores, me condujo en su carreta a lo que para mí y para todas las mujeres era una sentencia de muerte segura: la División de Maternidad del Hospital General de Viena.

La Maternidad estaba dividida en dos grandes secciones; en ambas morían muchas mujeres de fiebre puerperal, pero la Primera gozaba de peor fama. Yo sabía de muchas que preferían parir en la calle que en ese lugar. Ingresar a la Segunda era como jugar a los dados con la muerte, pero en la Primera, los dados estaban cargados.

Cuando llegamos al Hospital, aún tuve fuerza para pedir con desesperación que no me internaran en la División Primera; pero en la Segunda el hacinamiento era tan terrible que muchas mujeres yacían de lado por la falta de espacio y a pesar de mis gritos y protestas fui internada en la Primera, pues quedaban un par de camas. Poco después de mi llegada, se acercó hasta mi lecho un practicante; el nacimiento era inminente. Antes de que me revisara, un olor intenso y picante llegó hasta mi nariz y me hizo toser.

—¿Qué es lo que huele así? —le pregunté.

—Son mis manos —respondió—, las he lavado con cal clorurada.

—¿Pero por qué?

—Son las nuevas órdenes del Director a partir de hoy.

Pensé en mis hijos y en lo que sería de ellos a mi muerte. En una cama cercana alguien gemía quedamente y me sentí aún más desolada.

Nació mi hijo, un niño grande y sano. Cuando lo tuve en mis brazos me solté a llorar porque era igual a su padre y porque nuestros días estaban contados.

Pasaron varias horas y a pesar de saberme al borde del sepulcro me sentía bien y hasta me dio hambre. Llegó una enfermera con una taza de té y me ayudó a incorporarme.

—¿Cómo se siente, madre? —me dijo.

—Bien —le contesté.

Arregló las sábanas a mi alrededor y pasó a la cama donde la mujer no había dejado de gemir.

—Pobre criatura —dijo la enfermera como para sí—, esto acabará pronto.

Sentí un nudo en la garganta y pregunté en voz baja.

—¿Está muy grave?

—No pasará de hoy. Le tocó la fiebre de parto. Llegó hace cinco días.

"Yo tampoco duraré mucho", pensé estremeciéndome. "¿Pero por qué, por qué la muerte? Dios nos mandó parir con dolor... pero ¿morir?"

—¿Por qué? —dije en voz alta.

La enfermera me miró como se mira a un niño demasiado curioso.

—Son epidemias. Cambios de clima que afectan a las parturientas.

—Pero... en Viena, en Pest... ¿mueren tantas mujeres de parto? ¿En todo el Imperio mueren así las madres?

—No, que yo sepa. Pero duerma, madre, es mejor que descanse.

Y se fue, dejándome sumida en mis reflexiones. Las epidemias de cólera mataban a todos por igual pero ésta se propagaba sólo sobre las madres; sólo sobre algunas madres de algunos lugares.

Finalmente me dormí con mi pequeño sobre el pecho. El rumor de un rezo me despertó. Un sacerdote daba la Extremaunción a la moribunda. Un acólito a su lado sostenía un incensario.

Terminó el Sacramento y cuando el acólito pasó junto a mi cama le pregunté extrañada.

—¿Por qué no han hecho sonar la campanilla? He visto muchas muertes y siempre...

—Órdenes del Director del Hospital. Ya hace meses que no la sueno. Ya ni siquiera cruzamos las salas como antes, para que se santigüen las enfermas. Damos un rodeo para llegar a la habitación donde hemos sido requeridos —alzó los hombros—. Cumplimos órdenes, Dios nos perdone —y salió a grandes pasos para alcanzar al sacerdote.

"Verdaderamente ocurren cosas extrañas en este Hospital", pensé. "Los practicantes se lavan las manos con algo que huele mal y el Santísimo tiene que dar rodeos. Quizá..."

Mi hijito empezó a llorar. Tenía hambre. "Será tal vez tu última comida", le dije mientras me lo ponía al pecho.

Esa misma noche me revisó otro practicante y también lo vi enjuagarse las manos con la mezcla extraña. En otra cama cercana una mujer, con mucha fiebre, deliraba.

—¿Cuándo llegó? —preguntó el practicante a la enfermera, refiriéndose a la enferma.

—Hace tres días.

—Lástima —se limitó a decir enigmáticamente el hombre y añadió—: regreso después. Tengo algunas autopsias pendientes.

Cuando a las siete de la mañana expiró la mujer que estaba más grave, no pude contenerme. Empecé a llorar y luego a gritar. Algo dentro de mí me exigía inconformarme con la muerte, así de brutal, días después de dar la vida a otro ser. Yo no quería morir, por mis hijos y por mí misma.

La enfermera acudió apresuradamente a callarme, pero yo no dejaba de gritar "no me quiero morir".

De repente se abrió la puerta del pabellón y callé. Un grupo de cinco o seis practicantes seguía a un hombre de mediana edad. Vestía levita negra, usaba grandes bigotes curvados hacia arriba, largas patillas ligeramente canas y era casi completamente calvo.

La enfermera acudió a su encuentro con ese tono de voz que los subordinados toman frente a sus superiores.

—Doctor Semmelweiss...

Él hizo una ligera inclinación con la cabeza y, para mi sorpresa, se dirigió a mi cama.

—¿Por qué grita usted?

La enfermera se apresuró a contestar por mí.

—La pobre está aterrada. Acaba de...

—Le estoy preguntando a la enferma —la interrumpió en tono seco pero cortés.

Me incorporé ligeramente.

—Yo... yo... no quiero morir.

—¿Cuándo llegó?

—Ayer por la tarde —contestó la enfermera.

—¿Se han seguido mis instrucciones?

Los practicantes asintieron con la cabeza.

—Bien —dijo, y tomó mi mano con sus manos casi heladas— no morirá. ¿Cuántos hijos tiene?

Lo miré llena de esperanza.

—Cinco... seis —corregí.

—No —dijo como hablando para sí—, esta vez tengo razón. Volverá usted con sus hijos.

Soltó mi mano y se dirigió a otra cama con su séquito siguiéndole muy de cerca.

Me aferré a sus palabras como si de ello dependiera mi salvación. Como si, lo digo sin ánimo de blasfemar, en aquel hombre de levita negra hubiera tomado forma el mismo Dios y pudiera decidir mi destino.

Cuando salieron del pabellón, el olor acre y picante de las manos de los practicantes quedó un momento en el aire para desvanecerse lentamente después.

6

Una tarde frente a la tele

Las fantasías de los niños y niñas están pobladas de seres sobrenaturales, omnipotentes y malignos. Lo que ayer eran lobos, brujas y fantasmas, hoy son superhéroes, campos de fuerza y láseres destructores. ¿Cuál es la diferencia?

Personajes: una tele, un papá científico, su hijo de siete años y la mamá.

El niño, embobado frente a la tele, ve el programa *Los Ocho Fantásticos contra el Doctor Siniestro*.

La tele. Los ocho fantásticos crean un campo de fuerza material mediante sus potentes rayos sincrotrónicos de leptones... El abominable Doctor Siniestro, haciendo uso de su descomunal ca-

ñón láser, bombardea la puerta de su laboratorio para huir...
Superrayo se eleva por los aires y deja caer en dirección del
Doctor Siniestro una red de rayos cósmicos ultracongelantes...
Brrr.

El papá. ¿Oí bien?

El hijo. Yo creo...

El papá. Digo, ¿qué tonterías son ésas?

El niño (como todos los hijos) se alza de hombros. El padre,
herido en su dignidad científica, apaga el aparato.

El hijo. Oye, ¿qué te pasa?

El papá. Pero ¿cómo puedes ver este programa? ¿Entiendes acaso
lo que están diciendo?

El hijo. Pus claro que entiendo.

El papá. A ver. Dime qué son los rayos sincrotrónicos de leptones.

El hijo. Este... eh... Mmm... no. Ya no me acuerdo.

El papá. ¿Pues cómo te vas a acordar si son puros disparates,
puros inventos sin sentido? Campo de fuerza material, ¿cómo
es posible? ¿Sabes tú qué son los rayos cósmicos?

El hijo. Claro. Pero no me gusta que me interrogues. Además, ¿yo
cuándo te he apagado tus programas?

El papá. Es que, hijo, no puedo permitir que te deformen así la
cabeza. Pretenden ser científicos y lo único que logran es con-
fundir a los niños.

El hijo. No me importa. Yo lo que quiero es ver mi programa.

El papá. Calma, calma. Vamos a discutir esto como gente razonable. ¿De acuerdo?

El hijo (a disgusto). Mm...

El papá. Por ejemplo, dime, ¿puede alguien elevarse por los aires?

El hijo. Pus claro. Supermán puede.

El papá. Pero eso no es cierto. Necesitaría alas o un motor.

El hijo. Ay, pus por eso es Supermán. Porque no los necesita.

El papá. Imposible. Hay una ley de la física que dice que para vencer la gravedad es necesaria una fuerza que...

El hijo. Supermán es de otro planeta.

El papá. ¿Y qué las leyes de la física no valen en...

El hijo. Tú mismo te la pasas diciendo que nadie respeta las leyes.

El papá. Ay niño, pero estoy hablando de otras leyes.

El hijo. No te entiendo.

El papá. Ah, tengo una idea. ¿Has visto alguna vez un láser?

El hijo. Sí, el del Doctor Siniestro.

El papá. No niño, un láser de verdad. Mira, precisamente hoy me traje uno de mi laboratorio porque se le había fundido un fusible y ya lo arreglé. Te lo voy a enseñar.

El niño pone cara de susto. El papá sale y regresa con un pequeño láser.

El papá. Mira, esto es un láser. Lo voy a encender y me vas a decir si destruye o desintegra...

El hijo (suplicando). No papá, no me mates.

El papá. Pero no seas tonto, no te va a pasar nada.

El hijo (gritando). Mamá, mamá. Mi papá me quiere aniquilar.

El papá le apunta a la panza. El hijo llora a gritos.

El hijo. Ay, ay, ay. Mamá...

Se oye la voz de la mamá.

La mamá. Felipe, ¿qué le estás haciendo al niño?

El papá. Nada, mujer, le estoy enseñando un láser para que se dé cuenta de que la tele miente.

La mamá. Pero, ¿por qué grita así?

El papá. Porque cree que lo voy a lastimar.

La mamá. Déjalo, pobre niño. Luego va a tener pesadillas.

El papá (frustrado). Está bien.

El hijo pone cara de contento y se acerca a prender la tele. El papá se interpone.

El papá. Momento, nada de tele. Te voy a prestar un libro.

El papá busca en un librero. El hijo tiene cara de disgusto.

El papá. Toma, esto te va a gustar.

El niño toma el libro, se aplasta en un sillón. Se empieza a reír.

El papá. ¿De qué te ríes?

El hijo. Újule. ¿Desde cuándo los lobos hablan?...

7

El científico y sus mediums

Cuando era adolescente, me regalaron un libro antiguo sobre espiritismo. Ilustrado con fotografías, apenas daguerrotipos, los trucos eran tan burdos que causaban risa, si no es que pena. Tiempo después se me ocurrió que el lugar vacío correspondiente al premio Nobel de física del año 1916 podía ser ocupado por un buscador de ectoplasmas.

 En los anales de los Premios Nobel de Física, que guarda celosamente la Real Academia de Ciencias de Suecia, hay una carpeta polvorienta y sin etiquetas que se encuentra entre la correspondiente al año de 1915 y la de 1917. Si os dignais buscar el año de 1916 en cualquier texto que se refiera a los Premios Nobel, ese año aparece como "desierto". Es decir, a nadie le fue concedido. Sin embargo, todos los que apreciamos o admiramos al finado Sir Archibald Murdoch-O'Hara sabemos que la palabra "desierto" fue añadida por la Real Academia a los anales apenas dos meses después de que el Premio Nobel de Física le fuera otorgado.

El Premio Nobel de Física se les concedió en 1915 a Sir William Henry Bragg y a su hijo Sir William Lawrence Bragg, ambos de nacionalidad inglesa, por el estudio de las estructuras cristalinas mediante los rayos X. En el año de 1917 el anhelado galardón se otorgó a Charles Glover Barkla, también inglés, por el descubrimiento de los rayos X característicos de los elementos. No quiero insinuar siquiera que la Real Academia Sueca carezca de imaginación; no obstante, Sir Archibald también era súbdito inglés y trabajó asimismo en el tema de los rayos X. El Premio Nobel de Física se le adjudicó en 1916, mal que les pese a sus detractores.

Sir Archibald Murdoch-O'Hara fue el primogénito de una familia noble y acomodada cuyo abolengo se remonta a los tiempos de Thymoti "el robavacas". Creció Archibald rodeado de los mimos paternos y del cariño de los criados.

Su amor por la ciencia, y en particular por la física, data del año de 1871 cuando Archibald, a la edad de 10 años, construyó un aparato mediante el cual pudo constatar que era posible electrocutar a un gato. De esta manera descubrió los fenómenos eléctricos en todo su magnífico esplendor. Sus amorosos padres le impidieron experimentar con animales mayores porque la escasez de criados era tremenda en aquella época.

En el año de 1876 ingresó a la prestigiada academia Blackemore y fue el primero de su clase cuando se graduó cinco años después. Pasó entonces a trabajar como asistente en el gabinete experimental del doctor David Freemont, periodo en el que se hizo evidente su magnífica intuición como experimentador.

Recordaréis que en el año de 1895 Wilhelm Roentgen observó que cuando en la materia inciden electrones rápidos, se produce una radiación muy penetrante, de naturaleza desconocida entonces. Las posibilidades de aplicación y el misterio que envolvía a tal radiación, llamada rayos X, motivaron a muchos físicos para dedicarse a su estudio. Uno de los que se apasionaron por el fenómeno fue Sir Archibald Murdoch-O'Hara. Su interés primordial, en el campo experimental, fue la roentgengrafía, es decir, la fotografía mediante los rayos X.

Un par de años después de que se había iniciado en ese tema, su amigo Rupert Pampher-West invitó a Sir Archibald, en una noche brumosa y fría, a una sesión de espiritismo. Sir Archibald, hombre sin prejuicios de ninguna índole salvo, claro, los inherentes a su clase social, acudió de buena gana dispuesto a pasar una velada divertida.

Esa noche presidía la sesión la medium rusa Marfa Pis-tachkova, favorita de los zares, que recorría las principales capitales de Europa. Además de Sir Archibald, alrededor de una mesa se encontraban Rupert y otras cuatro personas. Todos se tomaron de las manos. Marfa, la medium, vestida de negro, pálida y pomulosa, cerró los ojos durante un largo rato al cabo del cual comenzó a convulsionarse, primero ligeramente y luego con suma violencia. Dejó caer la cabeza sobre la mesa y en ese preciso momento alguien apagó la luz. Se oyó un tintineo en alguna parte de la habitación. Silencio. Un relinchar de caballos y algo que parecía respirar por encima de sus cabezas. Una sombra cruzó por la parte trasera del cuarto.

Sir Archibald pasó del escepticismo tolerante al asombro. Los fenómenos que tenían lugar en aquella habitación iban imprimiendo en su cerebro una profunda huella.

Después de aquella noche, inició un estudio a conciencia de todos los tratados de espiritismo. En busca de explicaciones científicas, acudió a numerosas sesiones espiritistas. Conoció a los mejores mediums de su época y fue mecenas de no pocos de ellos.

La peruana Olivia Benavides lo introdujo en los fenómenos de la necromancia (la comunicación con los muertos). El polaco Radwislaw Ponzcareckzski realizó para él numerosos experimentos de telequinesis. Pudo desenmascarar a tiempo a la pseudo medium Mary Jones, quien pretendía estafar a la Sociedad Espiritista Internacional (fundada por Sir Archibald en 1899), con su malogrado "irradiacionismo".

Con la medium Sulamith Laberslau, rumana, conoció de las manifestaciones ectoplásmicas, aquellas emanaciones incorpóreas, aunque visibles, del espíritu. Cabe decir aquí que todas las sesiones que se llevaron a cabo en su presencia, se realizaron con métodos de control muy severos en cuanto a la detección de imposturas. La revisión física del medium era el paso primordial y un secretario de actas de la Sociedad llevaba un cabal informe por escrito de todo cuanto acontecía en esas sesiones.

La idea de roentgengrafiar el ectoplasma surgió cuando Lord Cuntinger intentó fotografiar con luz natural una de esas emanaciones. Las placas se velaban irremisiblemente. Se le ocurrió entonces a Sir Archibald la aplicación de los rayos X a este tipo de fenómenos.

Las roentgengrafías tuvieron éxito. En ellas se apreciaba claramente la emanación luminosa y de forma variable que surge de cabeza, cuello, boca o extremidades de los mediums.

Algunas de estas históricas fotografías se encuentran aún en el Museo del Espiritismo. Cuando éstas llegaron a manos del Honorable Hillary Burlingham, de inmediato envió a la Real Academia Sueca una carta donde ponía a disposición de sus doctos miembros los logros de Sir Archibald en la física del ectoplasma mediante rayos X.

Para emitir su veredicto, la Real Academia esperó prudentemente un año, durante el cual numerosos investigadores atestiguaron que los hallazgos de Sir Archibald eran genuinos y correctos. Las posibilidades que abrían en el campo de la física ectoplásmica eran ilimitadas. La Academia, rendida ante la evidencia avasalladora, le comunicó el 4 de junio de 1916 a Sir Archibald que el Premio Nobel le había sido otorgado.

Sir Archibald nunca llegó a recibirlo. Embarcó en el malogrado *Clipperstone* de paso para Suecia. El océano fue su humilde última morada, cuando la Abadía de Westminster se habría sentido orgullosa de que descansara en su seno.

Yo quedé en calidad de su albacea y recibí carta de la Real Academia donde se me pedía que acudiera personalmente a Suecia. Todo parecía indicar que recibiría el premio de manera póstuma. Pero no fue así. Me encontré con que el Conde de Askersund, personaje muy influyente de la nobleza sueca, estaba muy molesto porque el tema sobre el que Sir Archibald había trabajado podría, según él, involucrar a la Real Academia en una polémica desagradable con las instituciones religiosas que se oponen al espiritismo. Su Excelencia no transigía en ese tipo de asuntos. Se turnó el caso a un comité mixto laico-religioso nombrado por el Conde, comité que dictaminó con demasiada premura que el premio a Sir Archibald era improcedente.

Apelé al veredicto; llovieron cartas de todo el mundo en defensa de Sir Archibald. En vano: el Conde se mantuvo intransigente. Perdimos la partida.

Desde entonces todos los años, el 4 de junio, los que fuimos amigos y admiradores del difunto Sir Archibald Murdoch-O'Hara honramos su memoria con el fin de que las nuevas generaciones de científicos no olviden que en el año de 1916 sí hubo un laureado Nobel en Física.

8

La paradoja de los gemelos

Del concepto físico de la relatividad de Albert Einstein, pasando por la paradoja de los gemelos y la contracción de Lorentz, a la divulgación radiofónica, hay un gran paso. Las interpretaciones posteriores ya son responsabilidad exclusiva de los radioescuchas.

 Personajes: Don Arístides y Doña Obdulia. El médico.

La escena se desarrolla en la sala de espera de una maternidad del Seguro. Don Arístides fuma como si quisiera acabar con el sano olor a formol y desinfectante de la clínica. Doña Obdulia, su vecina, que lo ha venido a acompañar en tan difícil trance, está sentada tejiendo.

El médico (se asoma). ¿Es usted el marido del expediente 2984 diagonal 63, Celia Concepción Ramírez de Pérez?

Don Arístides, presa de la emoción sólo acierta a decir:

Don Arístides. ¿Ya... ya... ya...?

El médico. Permítame participarle que es usted padre.

Don Arístides. ¿Y qué fue, doctor?

El médico. Fueron, mi estimado, fueron. Dos nuevos derechohabientes de nuestra benemérita institución.

Don Arístides. ¿Do... do... dos? ¿Gemelos? —se tambalea.

Doña Obdulia se levanta, entusiasmada.

Doña Obdulia. ¡Qué gusto, gemelos! ¿Y están bien, doctor?

El médico. Tan bien como podría desearse.

Doña Obdulia. Gracias, doctor —sale el médico—. ¿Oyó eso, Arístides? Tiene dos hijos. ¡Y de un solo jalón, Arístides!... ¡Arístides!

Don Arístides está entre espantado y apabullado. Por fin reacciona.

Don Arístides. Pero, ¡cómo! Dos bocas que alimentar. Pañales dobles, mamilas dobles, medicinas dobles.

Doña Obdulia. Y no olvide, llantos dobles, dobles desveladas. ¿Pero para qué piensa en eso? Dios lo bendice con dos hijos y usté, a quejarse. ¡Ay, qué ilusión! No me lo va a creer, pero ya lo presentía yo, ya lo presentía. Y fíjese qué casualidad, ayer en la tarde prendí el radio y mientras buscaba mi novela, ¿qué cree?, agarré un programa en Radio XEB donde estaban hablando de gemelos. ¡Gemelos, fíjese! Qué coincidencia, ¿no?

Don Arístides (todavía en las nubes). Sí...

Doña Obdulia. Primero no entendí nadita, pero luego ligué que era un programa de esos de consejos a las mamás.

Don Arístides se sienta y enciende otro cigarro.

Doña Obdulia. Sí, primero hablaban de un tal doctor Astein, ya difunto, pero parece que fue un gran doctor. Especialista en gemelitos.

Don Arístides (ensimismado). ¿Qué voy a hacer?

Doña Obdulia. Pero no crea usté que hablaron del cuidado del ombligo y de vacunas. No. Estaban hablando de viajes especiales.

Don Arístides. Tendré que chambear más duro.

Doña Obdulia. Fíjese que no debe uno llevar a los gemelos a un viaje demasiado rápido, como de rayo, o sea decían que como la luz.

Don Arístides. En fin, habrá que apretarse el cinturón.

Doña Obdulia. Porque decía el doctor Astein que el horario se les descompone. Y luego ya ve cómo son las criaturas cuando uno les cambia el horario. Se ponen bien chillonas.

Don Arístides (ya más calmado). Bueno, ya nos arreglaremos.

Doña Obdulia. Luego hablaron del encogimiento de Lores. Me imagino que eso les provoca los cólicos...

Don Arístides. En fin...

Doña Obdulia. Pero luego, ¿qué cree? Lo que es la medicina de hoy día. Fíjese que el doctor Astein descubrió que si uno sale de viaje con un gemelo y deja al otro en casa, no me lo va a creer, pero cuando uno regresa, el que se quedó está más crecidito. Yo pienso que no es bueno andar traqueteando así a los niños. Por eso el que se queda se cría mejor.

Don Arístides. ¿Ah, sí?

Doña Obdulia. Y al final, porque oí toditito el programa ése, dijeron que había que darles espacio y dedicarles tiempo. Espacio y tiempo, dijeron. Bueno, eso cualquiera lo sabe...

Entra el médico.

El médico. Mi estimado, ha habido un error que no puede achacarse al personal de esta clínica. El expediente 2984/63, como se debió hacer notar, no pertenece a Celia Concepción Ramírez de Pérez, sino a otra derechohabiente.

Don Arístides (espantado). ¿Entonces?

El médico. Es usted padre de una niña. Una —sale.

Don Arístides (muy contento). ¡Qué alegría, Dios mío! De pronto mis problemas se han reducido a la mitad. Obdulia, ¿oyó usted? No fueron gemelos, no fueron gemelos.

Doña Obdulia. Ay Arístides, ahora me sale con ésas. Y yo que me oí toditito el programa de los gemelos.

9

Francesco y la Luna

La primera vez que vi la Luna al telescopio, sentí que se me caía encima. Fue una impresión imborrable que siempre relaciono con la infancia.

 Hace mucho tiempo en la ciudad de Padua, en Italia, vivía un niño moreno que se llamaba Francesco. Era un niño que vivía de manera diferente a como se vive ahora pero que también, como los niños de todas las épocas y lugares, era curioso e inteligente.

Francesco era hijo de un sirviente del palacio de los Grandes Duques de Toscana. El padre se ocupaba de la limpieza y a veces de los animales. Francesco no iba a la escuela porque en aquel entonces sólo estudiaban los hijos de las personas muy ricas. Sin embargo, le gustaba enterarse de las cosas nuevas y sorprendentes que ocurrían a su alrededor.

Un día, un caluroso día de junio de 1610, se armó un gran alboroto en el palacio. Los señores, los Grandes Duques, iban y venían dando órdenes. De la cocina salían aromas apetitosos y docenas de sirvientes pulían la plata de la vajilla.

Francesco había ayudado a su papá toda la mañana a dejar los pisos de mosaico brillantes como espejos. Daba pena pisarlos.

—Papá —le preguntó— ¿por qué tenemos que dejar todo tan limpio? ¿Por qué la gente va y viene y el cocinero no sale de la cocina?

El padre, apurado como estaba, no le hizo caso.

El mayordomo, aunque también andaba de prisa, estaba de buen humor y le respondió:

—Porque van a venir gentes muy importantes. Van a probar en la noche un gran invento. Lo traerá un tal Maese Galilei. Dicen que con ese invento se ve la Luna tan grande como un pastel.

La curiosidad de Francesco creció hasta las nubes. Durante el resto del día trató de imaginarse cómo sería y cómo podría funcionar un aparato para ver grande la Luna. "Es imposible", le decía su experiencia. "Habría que acercarse para verla de cerca. ¿Pero cómo? ¿Las lechuzas la ven de cerca cuando vuelan? Debe ser algo que permita subir, llegar muy arriba hasta el cielo. ¿Pero qué puede ser?" Y recordó a unos soldados que había visto alguna vez arrastrando una gran catapulta para arrojar piedras. "¡Ya sé! Si suben a una persona en una catapulta y la lanzan hacia la Luna, quizá pueda verla de cerca. Claro, tendrá que ser una catapulta gigante. Debe ser eso. Pero aquí en el palacio, ¿dónde la pondrán? ¿Estará ya en el patio?"

Bajó corriendo al patio. Nada. Un caballo negro y lustroso comía paja. Nada de catapultas ni de inventos.

Y ansioso de saber de qué se trataba, esperó hasta la noche.

Llegó la gente importante. Cardenales, príncipes, duques. Pero no se quedaron en el patio sino que subieron a la habitación más alta del palacio, una torre. Quizá allí estaba la catapulta.

Pobre Francesco, no lo dejaron subir. Desde su cuarto, inquieto, trató de escuchar el ruido de algún disparo, algo. Pero no oyó nada. "¿Habrá fallado el disparo?", pensó.

Quedó dormido y soñó con la Luna y las gentes que allí habitan. Con las estrellas, bolas de fuego; y los cometas, de los que hay que cuidarse. Un ratón que salió de su agujero pasó cerca de él y lo despertó. Era medianoche y ya no se escuchaba el alboroto de las visitas.

En la oscuridad alcanzó a distinguir a sus padres, que dormían a pierna suelta. Tomó una vela y salió de la habitación.

Subió cientos, miles de escalones, con miedo de ser descubierto y con la emoción de conocer el aparato de Maese Galilei.

Llegó a la torre. La puerta había quedado entreabierta. Las piernas le temblaban y sentía cortarse su respiración.

Nada. No había catapulta alguna. Encima de una mesa descansaba un objeto de metal, un tubo. En sus extremos tenía unos cristales parecidos a las cuentas de cristal que colgaban de la lámpara del comedor de palacio. Era lo único que había.

Francesco lo tomó en sus manos. No hacía ruido, no se movía por sí mismo, ni siquiera quemaba. Y entonces se le ocurrió ver qué había dentro del tubo. "Nada", pensó. "Es oscuro, no veo nada... qué porquería." Lo dirigió hacia la ventana para poder ver su interior.

Afuera, la Luna brillaba. Y al apuntar con aquel tubo, la vio, hermosa, enorme, cercana. Su luz casi hería los ojos y, sin embargo, Francesco no podía dejar de mirarla.

En un segundo alcanzó a imaginar un mundo nuevo, a percibir

una dimensión fuera de todo lo visto en su pequeña vida. Pero la visión duró sólo un segundo.

Algo semejante al miedo se apoderó de él y le pareció que la Luna inmensa le iba a caer encima.

Dejó el tubo en la mesa y salió corriendo de la torre.

10

Antesala de la física

El mercado de trabajo de los físicos no es ni amplio ni abundante. Algunos acaban vendiendo instrumentos de laboratorio, otros ofrecen computadoras, otros más terminan como técnicos en un gabinete médico. Siempre sujetos a indignidades...

Personajes: la enfermera, el señor González y el doctor Mota.

Una sala en un gran hospital. Tras un escritorio que dice NEUMOLOGÍA-RECEPCIÓN se encuentra una típica enfermera del ISSSTE-Seguro-Salubridad. Entra el señor González, joven moreno y delgado.

Señor González. Buenos días, señorita.

La enfermera, que está leyendo el periódico, levanta los ojos lentamente y barre con la mirada al joven.

Enfermera. ¿Sí?

Señor González. Señorita, soy Armando González.

Enfermera. ¿Y?

Señor González. Vengo a ver al doctor Mota.

Enfermera. ¿Trae ficha?

Señor González (extrañado). ¿No le avisó el doctor que venía a verlo?

Enfermera. No, joven, aquí nadie tiene privilegios. ¿Trae ficha?

Señor González. Permítame explicarle... yo soy físico y...

Enfermera. Por ahí hubiera empezado. Tome asiento y espere su turno.

Señor González. No comprendo. ¿Turno para qué?

Enfermera. Joven, ¿es la primera vez que viene?

Señor González. Por supuesto.

Enfermera. Claro, y se hacen los que no saben. Pues tiene que esperar.

Señor González. Mire señorita, mi problema es que...

Enfermera. Ya le entendí.

Señor González. ¿Ah, sí? Bueno. Resulta que tengo estudios hechos en rayos X.

Enfermera. Como todos los que se encuentran en su caso.

Señor González. Entonces, el doctor Mota me citó para ver si...

Enfermera. Si tiene usted esperanzas. ¿No?

Señor González (sonríe). Veo que me ha comprendido.

Enfermera. Pues el doctor Mota es muy bueno en su especialidad.

Señor González. Sí, lo sé. Por eso espero que me admita.

Enfermera. Si tiene usted sus papeles en orden, lo admitirá.

Señor González. Vaya, qué bueno.

Enfermera. ¿Y qué otros estudios trae?

Señor González. Pues aparte de radiología, ultrasonido y tomografía.

Enfermera. Hummm. Bastante completos. El doctor Mota estará satisfecho.

Señor González. Espero que sí. Será muy grato estar bajo sus órdenes.

Enfermera. Oiga... ¿Y cirugía?

Señor González. Ah, no, nada que ver con mis estudios.

Enfermera. Bueno, podría complementarlos.

El señor González se ríe.

Señor González (confidencial). Oiga, ¿y han venido otros antes que yo a ver al doctor Mota, aspirando a lo mismo?

Enfermera. Sí, bastantes personas, hombres y mujeres. Pero la mayoría no se queda. El doctor les pide que completen primero sus estudios.

Señor González (jubiloso). Entonces tengo esperanzas. Yo sí los terminé.

Enfermera. No se haga tantas ilusiones, joven. ¿Cuánto tiempo lleva en esto?

Señor González. Casi tres años, desde que salí de la universidad.

Enfermera. Bastante tiempo. ¿Y no se dio cuenta antes?

Señor González. ¿Cuenta? ¿De qué?

Enfermera. Pues de la importancia de los estudios radiológicos.

Señor González. Ah, sí. Lo que pasa es que de donde vengo son una especialidad nada más.

Enfermera. ¿Y de dónde viene?

Señor González. De la Facultad de Ciencias.

Enfermera. Ah, yo pensé que de provincia. ¿Y allí qué les hacen?

Señor González. Pues los estudios son pesados. Nos dejan sin dormir muchas noches. Nos examinan seguido, sobre todo doctores. Al final, ya para salir, nos hacen exámenes generales.

Enfermera. ¿De orina?

Señor González (sorprendido y divertido). No, ja, ja, de todas las materias.

Enfermera. ¿Fecales?

Señor González. Ja, ja, no. Por ejemplo, matemáticas.

Enfermera. Ah, conteos.

Señor González. Algo así —mira el reloj—. Oiga, el doctor se tarda.

Enfermera. Si quiere, le adelanto algo —saca un frasco—. Le voy a hacer la prueba del esputo.

Señor González. ¡¿Qué?!

Enfermera. No me venga con aspavientos. A todos se la hacemos —lo toma del cuello y lo inclina sobre el frasco—. Escupa, escupa.

El joven forcejea, entra el doctor Mota.

Doctor Mota. Oiga, ¿qué le hace al señor? Viene a pedir trabajo en el gabinete de rayos X —toma del hombro al señor González y se alejan—. Señor González, dispense la tardanza...

Enfermera. ¿Pues no me dijo que era tísico?

11

El experimento de Peter Emde

Aunque lo parezca, este no es un cuento sobre física, sino una historia de amor. La teoría de la relatividad y la invariancia de las ecuaciones de Maxwell, junto con la ética profesional, pasan a segundo término cuando lo que está en juego es la mano de una bella joven.

 Entre los años 1860 y 1900 se explicó de manera satisfactoria la estrecha relación entre la óptica y el electromagnetismo mediante la teoría on-dulatoria basada en las ecuaciones de Maxwell.

En vista de que la experiencia previa siempre había considerado algún medio para la propagación de las ondas, era natural que los físicos supusieran que la luz necesitaba un medio para propagarse, y dadas las características conocidas de la luz, se postuló que ese medio, llamado éter luminífero, permeaba todo el espacio, era de densidad despreciable, y su interacción con la materia era casi nula.

La hipótesis del éter colocó a los fenómenos electromagnéticos en una posición muy especial respecto al resto de los fenómenos físicos.

Hacía ya mucho tiempo que se sabía que las leyes de la mecánica son las mismas en diferentes sistemas coordenados que se mueven uniformemente uno relativo al otro, es decir, son invariantes bajo transformaciones galileanas. Pero en el caso de la ecuación de onda, resultó que su forma no es invariante bajo tales transformaciones, y esto implicaba la existencia de marcos de referencia preferentes.

Hubo muchas tentativas de resolver ese problema, respuestas de la más variada índole. Los tratados actuales de física moderna, sin embargo, condensan toda aquella rica problemática en una tajante disyuntiva: o la relatividad galileana era aplicable a la mecánica y el electromagnetismo tenía un marco de referencia preferente, o bien existía un principio de relatividad tanto para la mecánica clásica como para el electromagnetismo —principio que no era el galileano— y entonces las leyes de la mecánica tenían que ser modificadas. La respuesta correcta a la disyuntiva es de todos conocida.

Sin embargo, la historia de los acontecimientos alrededor del problema de la invariancia de las ecuaciones del electromagnetismo no es tan sencilla como se pretende.

Entre todas las opciones que se presentaron y que por lo común se dejan de mencionar en los textos, hay una muy interesante: la teoría de la emisión.

2

A principios de 1900, el titular del Departamento de Física Teórica de la Universidad de Tückburg era el renombrado científico Cornelius Förster. El profesor Förster, académico emérito, era el responsable de transmitir los conocimientos de la física establecidos hasta la época. Consideraba, como la gran mayoría de los físicos, que en esta ciencia quedaba poco por hacerse, como no fuera pulir y embellecer algunas de las ramas existentes. Claro que se sabía de alguno que otro problema sin solución por el momento, pero se tenía la seguridad de resolverlos tarde o temprano, con base en el formidable cuerpo de la teoría. El doctor Förster admiraba, por sobre todo, la belleza de la coherencia de la física.

Cuando la resolución del problema que planteaba la no invariancia de las ecuaciones maxwellianas bajo transformaciones de Galileo se hizo inminente, el doctor Förster tuvo que enfrentarse, como responsable que era del Departamento de Física Teórica, a la búsqueda de una respuesta.

En un principio, muchos físicos de la época se inclinaron por aceptar la existencia del éter, puesto que en ese caso las leyes conocidas de la mecánica y el electromagnetismo permanecían casi intocadas. Sin embargo, surgieron las paradojas que implicaba suponer la existencia del éter, y en 1881 y 1887 los experimentos de Michelson y Morley demostraron, sin lugar a dudas, la ausencia del éter.

La alternativa que implicaba una modificación a las leyes de la mecánica molestaba sobremanera al doctor Förster, celoso guardián de la física clásica. El solo hecho de suponer que aquella doctrina, respaldada sobre hombros de gigantes, pudiera estar sujeta a modificaciones, le parecía algo cercano a un sacrilegio. Con su característica rigidez, el profesor Förster declaró que tal opción era simple y llanamente una tontería.

Otras opciones, como la de Lorentz-Fitzgerald o la del éter local dieron lugar a contradicciones al ser enfrentadas a los experimentos. Para escapar a ellas, se podía intentar modificar las ecuaciones del electromagnetismo; aunque los éxitos de la teoría de Maxwell en manos de Lorentz, Hertz y otros, hacían dudoso que las ecuaciones de Maxwell estuvieran severamente equivocadas. Y no obstante, para una mentalidad como la del profesor Förster, era, con todo, lo único aceptable. Claro, no se trataba de desechar la teoría, sino de encontrar una modificación tal que permitiera la invariancia buscada.

3

Con esa elección y su fe y confianza en la física clásica, el doctor Förster trabajó durante cuatro años en la solución del problema. El resultado fue la famosa teoría de la emisión, en la cual se modifica la electrodinámica al suponer que la velocidad de una onda luminosa permanece asociada a la fuente, en lugar de a un marco de referencia local o universal.

En la teoría de Förster se postula que la velocidad de la luz es c/n relativa a la fuente original e independiente del estado del medio de transmisión con índice de reflexión n. Lo que caracteriza fundamentalmente su teoría es lo que predice sobre la velocidad de la luz después de una reflexión sobre un espejo en movimiento: la velocidad sigue siendo c/n respecto a la fuente original.

Este postulado de Förster, de entre todos los de las teorías alternativas, era el único que no conducía a dificultades de coherencia con la luz reflejada. De las cuatro ecuaciones de Maxwell, Förster conservó dos pero reemplazó las otras, las que involucran a las fuentes, por dos ecuaciones mediante las cuales se podían definir los efectos debidos a una fuente en movimiento.

4

Los cuatro años que le tomó al profesor Förster la teoría de la emisión fueron años muy duros. Debido a su avanzada edad, su salud se vio afectada notablemente. La tarea se había convertido para él en una obsesión. La física clásica tenía que ser salvada.

La esposa, Frau Förster, estaba muy preocupada por el estado mental de su marido. Hábitos tan afianzados en él como la puntualidad y el aseo parecían ahora cosas del pasado. Si antaño su natural era ya rígido y poco amigable, devino en intratable y huraño.

Otro temor de la señora Förster era la situación de Brigitta, su única hija. Era imposible abordar al profesor Förster y hacerle ver que Brigitta estaba en edad de casarse y había decidido casarse. El novio era Peter Emde, joven astrónomo de la universidad de Tückburg.

Peter Emde era una persona tímida y nerviosa. Como físico, tenía capacidad e inventiva, pero su carácter era inseguro y vacilante. Sorprendió y agradó a la señora Förster que, a pesar de tales características, Peter Emde se decidiera una noche a pedir al doctor la mano de su hija.

De por sí, ya en aquella época el profesor Förster casi no recibía a nadie en casa y su disposición poco amigable prometía dificultades. El profesor Förster, sin embargo —y para sorpresa de Emde— lo recibió cordialmente. Estaba ya informado sobre sus estudios, su especialidad y sus trabajos publicados. Al cabo de un largo interrogatorio sobre sus planes y futuro en la astronomía, el profesor procedió a explicarle con sumo entusiasmo su teoría de la emisión.

Peter Emde no sabía qué decir. En primer lugar, no había acudido al doctor Förster para hablar de física, sino de otros asuntos. Además, Emde reconocía en su interior que a pesar de carecer de muchos elementos para decidirse por alguna solución al problema de la invariancia de las ecuaciones del electromagnetismo, no sentía la angustia que el doctor Förster sentía por la física clásica.

El profesor Förster terminó proponiendo a Emde un experimento que se le había ocurrido tiempo atrás y que, siendo astrónomo el joven, se presentaba la oportunidad tan esperada de llevarlo a cabo. El experimento se basaba en la dinámica de las estrellas binarias al eclipsarse. Si la velocidad de la luz dependía aditivamente de la velocidad de la fuente, era evidente que el tiempo que le tomaba en llegar a la Tierra a la luz procedente de la estrella en aproximación, debería ser menor que aquél para la estrella en recesión.

La contrariedad que sintió Peter Emde era intensa. No sólo no sabía si el profesor Förster le concedía la mano de Brigitta, sino que lo comprometía a realizar un experimento difícil cuyo resultado parecía muy seguro de conocer.

El doctor Förster pidió al joven que regresara para hablar de otros temas cuando hubiera concluido el experimento.

5

Peter Emde y Brigitta Förster se entrevistaron al día siguiente en un jardín público. Ella ya estaba al tanto de la conversación habida entre Peter y su padre, y se sentía sumamente irritada por la petición necia y abusiva del segundo. Pero Peter ya había tenido tiempo de serenarse y con su acostumbrado buen talante le hizo ver que valía más cumplir el encargo del profesor Förster si querían que el asunto matrimonial fuera seriamente considerado algún día.

Brigitta, después de un rato de oponer resistencia y pensando que, después de todo, podía servir al desarrollo académico de Peter, se rindió.

Pero una vez solo, a Emde le entró pánico. Se daba cuenta de todo lo que dependía del resultado del experimento: la tranquilidad del profesor Förster, y su propia felicidad.

Peter Emde trabajó día y noche en el problema. Llegó a la conclusión de que si la teoría de la emisión era correcta, el efecto de la diferencia de tiempos de la luz procedente del sistema binario sería introducir una excentricidad espúrea en la órbita calculada mediante las leyes de la mecánica. Después de muchas mediciones y numerosos cálculos, encontró que si la velocidad de la luz procedente de la estrella se podía expresar como la suma de c más la velocidad de la estrella multiplicada por una constante k, la k debería ser significativa.

Pero sucedió que la k resultaba ser muy pequeña, mucho menor que uno. De hecho, Emde obtuvo que $k = 0.002$, lo cual contradecía la teoría de la emisión.

Peter Emde evitó al profesor Förster durante un tiempo, para no darle a conocer el resultado del experimento. Revisó una y mil veces los cálculos y siempre llegó al mismo valor para la k. El doctor Förster inquiría y Emde pedía más tiempo.

Una noche fría en que extrañaba demasiado a Brigitta, Peter Emde tomó tres tarros de cerveza, un hecho contrario a sus costumbres. Y en un impulso desesperado borró dos ceros y escribió k = 0.2 en el manuscrito.

6

Dos meses después, el profesor Förster murió tranquilo gracias al experimento de Peter Emde. Pocas semanas antes de morir, entregó en el altar a su hija Brigitta. El doctor Förster nunca llegó a saber que el experimento fue repetido por Duval, astrónomo francés, quien echó por tierra la teoría de la emisión. Pero sobre todo, no llegó a saber que se iniciaba una nueva era en la física.

Por su parte, Peter Emde dejó la astronomía y es hoy un pintor famoso.

12

El maratón de Milpa Alta

La ciencia interviene cada vez más en los deportes. Hay reglas precisas sobre qué hacer y qué evitar, todas con una justificación científica detrás. Y aunque el lema favorito sigue siendo "lo importante no es ganar, sino competir", para algunos lo importante es sobrevivir.

 Personajes: Arnoldo Chávez, cronista, y el Camarón Domínguez, corredor. La escena transcurre durante una carrera dominguera en las calles de Milpa Alta. Hay mucha gente a lo largo de la banqueta y se distinguen varias camionetas de control remoto para televisión.

Cronista. Señoras y señores, aquí su servidor Arnoldo Chávez de la XEY, en vivo desde el maratón anual de Milpa Alta. El calor es agobiante, señores, hay ambulancias en todo el recorrido para auxiliar a los atletas deshidratados. Los corredores tienen que cubrir la extraordinaria distancia de 42 kilómetros y el premio... pero, un momento señores... aquí vemos llegar al favorito del público, el Camarón Domínguez, un muchacho de origen humilde pero, ¡qué entrega, qué dedicación, qué amor a la camiseta!... Ahora se acerca, viene sin camiseta... Se ha detenido a amarrarse un tenis. Trataremos de entrevistarlo —se acerca al corredor—. Camarón Domínguez, aquí de la XEY... quisiéramos que nos digas...

Camarón. Oiga, maistro, ¿qué no ve que stoy apurado?

Cronista. Sí, claro que sí. Pero queremos aprovechar, mientras te amarras el zapato. ¿Cómo sientes la carrera?

Camarón. No, pos... tá dura.

Cronista. ¿Es la carrera más difícil de tu vida deportiva?

Camarón. No, joven. La más difícil es cuando me toca perseguir a la pipa del agua. Es que ai donde vivo...

Cronista. Dinos, Camarón, ¿estás enterado de lo que dicen los doctores de Harvard sobre lo que pasa cuando se deja de hacer ejercicio de pronto?

Camarón. No, pos no sé. Yo estoy en el Seguro.

Cronista. Mira, acaba de salir precisamente hoy en el periódico... dice que dejar de hacer un ejercicio violento de repente es malo para el corazón. ¿Recuerdas lo que le pasó a Jacinto Gómez?

Camarón. Sí. Pos al flaco Gómez le falló. Oiga, ya me voy.

Cronista (le cierra el paso). Mira, aquí viene la explicación. Dice que cuando alguien hace ejercicio muscular, necesita sangre extra. Ve (lee): "Este suministro se logra mediante la transmisión de impulsos por el sistema nervioso simpático que llegan al corazón y determinan un aumento en la velocidad y fuerza del latido cardiaco."

Camarón. Pos no le veo lo simpático. ¿Y qué pues?

Cronista (sigue leyendo). "Pero el sistema simpático no sólo estimula al corazón; el impulso nervioso también llega a las fibras nerviosas que innervan la glándula suprarrenal que secreta adrenalina y noradrenalina, hormonas que elevan la presión arterial."

Camarón. Oiga, jovenazo, todo esto de las adelinas está muy enredijado y yo tengo que llegar...

Cronista (lo detiene). Un momento nada más —sigue leyendo—: resulta que "estas hormonas se han detectado en altas concentraciones en la sangre de los atletas durante el periodo de enfriamiento posterior al ejercicio violento". Entonces...

Camarón. ¿Tons qué? Píquele, que ya vi pasar a la Lagartija Reyes...

Cronista. Es que después del ejercicio, ¿dónde está, dónde está, ah, sí (lee): "la noradrenalina sigue elevando su concentración en la sangre hasta alcanzar diez veces la normal. Los médicos de Harvard suponen que aunque durante el ejercicio se eleva la presión sanguínea, baja a su nivel normal cuando el cuerpo queda en reposo".

Camarón. Cómo no, joven, la presión se siente. Si viera lo que nos grita el público...

Cronista. "Pero en ocasiones el cuerpo interpreta la subida de presión como una señal de peligro, y como la defensa libera aún más noradrenalina, que a su vez hace que se eleve más la presión arterial, se tiene el riesgo de sufrir un ataque cardiaco."

Camarón. ¿O séase qué?, en cristiano.

Cronista. Que luego de un ejercicio fuerte, según esto, es recomendable dejarlo poco a poco, es decir, no suprimirlo súbitamente. Dinos, después de los entrenamientos, ¿sigues este consejo médico, Camarón?

Camarón (se ríe). Pos cómo cree que no. Si lueguito del entrenamiento sigo corriendo hasta que llego a la fábrica donde chambeo.

Cronista. Entonces, cuidas tu corazón de atleta.

Camarón. Es que tengo que checar, jovenazo, ¿ve? Por eso.

El cronista calla por fin.

Camarón. Bueno, ¿usté gusta? —echa a correr.

13

El queso y el cáncer

Cuando yo fumaba y alguien me mostraba las estadísticas del cáncer y el enfisema, siempre encontraba artilugios para ignorar los consejos médicos. Los estudios se hacen con ratas, no con humanos, me decía para tranquilizarme. Pobres animales, los obligan a fumar diez cajetillas diarias. ¡Así cualquiera se enferma!

 El señor doctor M, vestido impecablemente con una bata blanca, se retorció un poco el bigote antes de entrar en el laboratorio. Su asistente, la señorita N, lo seguía con la cabeza ligeramente inclinada, como en perenne reverencia a la sabiduría de su maestro.

—Bien, señorita N —dijo el sabio—, es preciso sacar los resultados de nuestro estudio cuanto antes. La revista *Medical Review* está muy interesada en ellos.

—Sí, señor doctor.

—Este estudio no sólo es importante por ser su tema tan candente y de actualidad; me temo que revolucionará varios conceptos en el campo de la alimentación.

—Por supuesto, señor doctor.

—Porque la importancia del queso para la población es imposible de negar.

—Imposible, señor doctor.

—Habiendo consumido durante tantas generaciones el queso, es increíble que no se haya sabido nada de esto hasta ahora.

—Increíble, señor doctor.

—Bien, señorita N, comencemos. Espécimen número ciento ocho...

En la jaula se encontraba un hombre desnudo. Su palidez contrastaba con sus ojos inyectados. A su alrededor se mezclaban pedazos de queso y vómitos. La señorita N hizo un gesto de disgusto.

—Serenidad, señorita N. Si quiere usted dedicarse al estudio en serio, tendrá que vencer sus escrúpulos.

—S... sí, señor doctor.

—Bien, señorita, lea usted los datos.

—Espécimen masculino, edad veinticuatro años, llegó en estado de perfecta salud. Se le ha alimentado diariamente durante treinta días con todo tipo de quesos y sólo de quesos. Los primeros días no presentó síntomas de ninguna especie, salvo las manifestaciones de su natural agresivo y colérico. Los días siguientes se le tuvo que sedar a la hora de las comidas para que tomara la cantidad de queso prescrita. Los últimos días ha desarrollado una terrible postración acompañada de vómito, diarrea, debilidad, mareos. El hígado está sensible al tacto, glóbulos rojos anormales, bazo inflamado, piel seca, lengua saburrosa. Pronóstico: grave.

—Pasemos al siguiente.

En otra jaula, una niña morena, hecha un ovillo en el suelo, comía queso *camembert*.

—Espécimen femenino, edad ocho años, llegó en estado de perfecta salud. Se le ha alimentado todos los días exclusivamente con queso. Dócil, tranquila. Pero a los quince días empezó a mostrar debilidad, cefalea, vómito, orina sumamente oscura, intestino doloroso, glóbulos blancos deformados, encías sangrantes. Pronóstico: grave.

—Siguiente espécimen.

Un anciano con la barba blanca y crecida, deliraba. Aplastaba pequeños pedazos de queso con el pie.

—Espécimen masculino, edad setenta y tres años, llegó en estado de perfecta salud. Alimentado exclusivamente con queso. Desde los primeros días mostró síntomas cardiacos, taquicardia, disnea. El conteo de hemoglobina refleja anemia. Urea y azúcar en la orina. Sistema neurológico en franco deterioro. Pronóstico: muy grave.

—Bien, señorita N, las palabras sobran. Desafortunadamente no es posible el error. Éstos son los tres últimos especímenes de un grupo de sesenta humanos que han sido sometidos durante treinta días a una dieta constituida exclusivamente por queso. Se ha variado la marca, el tipo, la procedencia. Todos han muerto, excepto estos tres que se espera no pasen de mañana.

—No, señor doctor.

—Las pruebas son contundentes, señorita. Escriba usted al final con letras rojas. Conclusión: el queso causa cáncer...

—Doctor, ¿qué hará el mundo sin el queso? El queso es la base de la alimentación...

—La tecnología tendrá que buscar sucedáneos, encontrar quesos sintéticos, qué sé yo. Es preciso que se conozca el resultado de nuestro estudio, que se divulgue de la manera más amplia posible.

La señorita N, con voz entrecortada, dijo:

—Pido el premio Nobel para usted, mi maestro y guía...

El doctor M, con un gesto de modestia, encendió su pipa y cedió el paso a su asistente. Los dos científicos, ratas de primera en el campo de la medicina, recogieron sus colas antes de que se cerrara la puerta del ascensor.

14

El jardín de Dirac

El físico inglés Paul A. M. Dirac desarrolló en 1928 una teoría que describe correctamente al electrón relativista. Dicha teoría predice que los electrones pueden tener energías negativas. ¿Qué habría pasado si Dirac hubiera visto interrumpido su trabajo con cuestiones intrascendentes?

Personajes: el profesor Dirac, Thomson, el jardinero, y Bridges, el mayordomo.

La escena transcurre en una amplia habitación que da a un jardín. Las paredes están tapizadas de libros. El profesor Dirac se halla frente a su mesa de trabajo, absorto en un manuscrito. Entra Bridges.

Bridges. Señor profesor... —Dirac no se mueve—. Señor...

Dirac (levanta la vista). ¿Sí, Bridges? —vuelve a su escrito.

Bridges. Señor, está aquí Thomson, el jardinero que hace una semana mandó usted pedir con el objeto de que se ocupe de los espacios verdes que rodean...

Dirac (sin mirarlo). Abrevie, Bridges.

Bridges. Señor, llegó el nuevo jardinero.

Dirac (distraído). ¿Ah, sí? Que pase.

Sale Bridges y entra Thomson, un joven tímido con su gorra en las manos. Pasan varios minutos en los que Dirac no repara en él. Thomson da un paso hacia adelante.

Thomson. Dispense usted, señor...

Dirac. ¿Sí?

Thomson. Soy el nuevo jardinero —Dirac no lo mira—. Si usted lo desea, volveré más tarde.

Dirac por fin alza la vista.

Dirac. Oh, no, no. Disculpe. Es que estoy muy ocupado.

Thomson. Lo sé, señor. Usted es una persona importante. ¿En qué se ocupa, señor?

Dirac. Es un problema... de signos —vuelve a su trabajo.

Thomson. ¿Jeroglíficos, señor?

Dirac (sonríe). No exactamente... energías negativas. Pero dígame, Thompkins, ¿qué se le ofrece?

Thomson. Thomson, señor. Soy el nuevo jardinero. He echado un vistazo al jardín y me temo que...

Dirac (distraído). ¿Qué sucede?

Thomson. Me temo que está lleno... con todo respeto, señor... de agujeros.

Dirac. ¿Agujeros, dice usted?

Thomson. Sí, señor. Además hay una gran cantidad de piedras sueltas que afean el prado. Yo sugeriría, si me lo permite...

Dirac. ¿Sí?

Thomson. Que se llenen los agujeros con esas piedras.

Dirac. ¿Cómo?

Thompson. Una piedra por agujero, señor.

Dirac (sonríe). ¿Y está usted seguro de que hay suficientes piedras?

Thomson. Sí, señor. Es hasta posible que sobren muchas.

Dirac. ¿Y qué hará con las sobrantes? ¿Pondrá dos en algunos agujeros?

Thomson. No, señor. Dos no caben.

Dirac. ¿Entonces?

Thomson. Las dejaremos fuera, señor. A la espera de que los topos hagan nuevos agujeros.

Dirac. ¿Y cuando haya más agujeros que piedras?

Thompson. Piedras hay en todos lados. No han de faltar, señor.

Dirac. ¿Entonces lo que usted sugiere, Thomlin, es hacer de mi jardín un mar de piedras?

Thomson. Thomson, señor. Creo que esta solución es mejor que nada.

Dirac (pensativo). ¿Será? Está bien, haga usted lo que crea mejor.

Thomson. Gracias, señor. Con su permiso.

Sale Thomson. Dirac se levanta, vuelve a su escrito, echa una hoja al cesto de basura.

Dirac. El problema es difícil y estas interrupciones... Agujeros, piedras, mar de piedras, no caben dos piedras en un agujero, piedras hay en todos lados... ¡Por Dios, qué nimiedades! —se sienta nuevamente, toma el lápiz—: piedras... agujeros... no, hoy no se me ocurre nada...

15

Muerte al amanecer

Siempre escuchamos consejos sobre lo sano que es hacer ejercicio y procurarnos una buena alimentación. Pero la moda y el consumismo nos llevan a exagerar y a violentar los hábitos de toda la vida, sin tomar en cuenta... el aire que respiramos.

 En cuanto leí la esquela acudí —deber de amigo— a dar mi sentido pésame a Fito Gómez, antiguo compañero de trabajo.

Como corresponde a quien ha perdido a su padre, Fito me recibió cariacontecido y de estricta corbata negra.

—Qué pena —musité—, tu padre, siempre alegre y bonachón... pero, claro, es natural, los años...

—No fueron los años los que acabaron con él.

—Bueno —reprimí una leve sonrisa—, setenta y nueve años no son cualquier cosa.

—Mi padre estaba dispuesto a cumplir los ochenta.

—Todos estamos dispuestos. Sin embargo (no lo digo sino para elogiarlo), tu padre era un *bon vivant*. Vino tinto, jugosos cortes de res, pastelería vienesa, tres cajetillas diarias. Y por otro lado, ardiente defensor del automóvil. ¿Qué más puede pedirse?

—No, no murió por la buena vida —Fito enjugó una discreta lágrima con su corbata de luto—. Murió por culpa de una vida sana.

Por un instante pensé que Fito, como era natural dadas las circunstancias, desvariaba por el dolor. Me equivoqué.

—Unos meses antes de cumplir setenta y nueve, mi padre tuvo la mala idea de hacerse un "chequeo" médico.

—Y... ¿tenía?...

—Nada. Un organismo tan sano como el de un joven de veinte.

—¿Entonces?

—Al médico se le ocurrió decirle que si quería llegar a los ochenta, debía dejar tabaco, colesterol, azúcar. Seguir una dieta a base de fibras, vegetales, yogur. Mucho ejercicio.

—Supongo que ignoró los consejos médicos.

—Todo lo contrario. Para asombro de todos, dejó de fumar en un acto de voluntad férrea. Ese fue sólo el primer paso. Los mareos que sufrió por el exceso de oxígeno no lo amilanaron. Se inscribió en un club de pesas. Al tercer día terminó en el ortopedista. Ligamentos de cuello lastimados, cuello ortopédico durante dos meses.

—¿Volvió a las andadas?

—Las andadas vendrían después. Inició una obsesiva búsqueda de la dieta ideal. Empezó a frecuentar tiendas naturistas; contaba microgramos, medía calorías. Se suscribió a *Dolor y salud* y *El fakir y la dieta*. Se burlaba de los *weightwatchers* por indulgentes. Terminó en el hospital: resultó alérgico a las pasitas de la granola y a la fibra del *allbran*.

—¿Decidió volver con las ovejas descarriadas?

—Qué va. Se transformó en aeróbico. Compró unos pants *heavy duty*, tenis *soft and jump* y se lanzó a correr a las seis de la mañana alrededor de la cuadra.

—¿Atropellamiento? —musité con el fin de romper el hilo del que me tenía suspenso mi amigo.

—Esa mañana salió a correr sin haber leído, dada la hora tan temprana, el periódico. No se enteró de la inversión térmica y los 300 Imeca. Puedo decir con orgullo que murió en la raya, como los campeones. Según los médicos, la causa del deceso fue asma neblumosa.

Consternado, me despedí de Fito con un fuerte abrazo. Salí a la calle y, sin pensarlo dos veces, tomé un taxi y encendí un cigarro.

16

Asesinato en el Cretácico

El que una catástrofe venida del espacio haya terminado con los dinosaurios en el Cretácico, todavía es materia de discusión. Pero hay que tener cuidado en cómo se discute y sobre todo, frente a quién.

 La escena transcurre en una oficina llena de escritorios, de gente tras los escritorios y de personas que esperan de pie. Tras la mesa de averiguaciones previas se encuentra el licenciado Justo Rojas, de traje, corbata y anillo bastante visible. Ante él se presenta el señor José Arnulfo Osorno, hombre de edad y complexión medianas.

Licenciado Rojas. Nombre del querellante.

Señor Osorno. No, jefe, soy mozo de limpieza.

Licenciado Rojas. Nombre, dije.

Señor Osorno. José Arnulfo Osorno.

Licenciado Rojas. Ocupación.

Señor Osorno. Ya se lo dije.

Licenciado Rojas. Más respeto, mi estimado. ¿Lugar de trabajo?

Señor Osorno. Colegio de Paliontólogos.

Licenciado Rojas. Asunto.

Señor Osorno (con gran agitación). Los oyí que estaban hablando. Es que a mí me tocaba trapiar su piso y tenían la puerta abierta. Horrible, muchos muertitos. Me quedé espantado y ellos como si nada...

Licenciado Rojas. Momento. ¿Quiénes hablaban? ¿Dónde?

Señor Osorno. En el colegio. Cubículo 26C. Decían que habían acabado con toditos.

Licenciado Rojas. ¿Quién había acabado? ¿Cómo?

Señor Osorno. No sé, no entendí bien. Pero era un crimen horripilante, se lo juro. Por eso llamé a los polis, pa que los trajeran a declarar.

Licenciado Rojas. Está bien. ¡Agentes! Traigan a los sospechosos.

Entran el doctor Hoyos, la doctora Cuevas y el doctor Luna, visiblemente molestos.

Doctor Hoyos. Queremos protestar por la forma en que se ha interrumpido nuestro trabajo.

Licenciado Rojas. Antes que nada, identifíquense, mis estimados. Nombre, ocupación, generales.

Doctor Hoyos. Doctor Anselmo Hoyos, biólogo.

Doctora Cuevas. Doctora Leonor Cuevas, paleontóloga.

Doctor Luna. Doctor Mario Luna, astrónomo.

Licenciado Rojas (escribe en una máquina destartalada, al tiempo que lee): ante mí se presentan tres galenos...

Doctora Cuevas. No, licenciado, no somos médicos.

Licenciado Rojas. ¿Pues no dijeron que eran doctores?

Doctor Hoyos. Sí, pero...

Licenciado Rojas. Está bien —escribe— ...se presentan tres sedicentes doctores con el fin de responder a la acusación de... —al señor Osorno— repita lo que dijo.

Señor Osorno. Los oyí hablando de muertos. Un asesinato.

Licenciado Rojas. Nombre del presunto occiso.

Los tres doctores se miran entre sí.

Licenciado Rojas. Estaban hablando de extintos, ¿sí o no?

Doctora Cuevas. ¿Qué dice? —sonríe—. Ah, sí, nosotros hablábamos de la extinción de...

Licenciado Rojas. Nombre de la víctima.

Doctor Luna. Este, bueno... lo que se llama nombre...

Licenciado Rojas (sin mirarlos). Filiación desconocida.

Doctora Cuevas. No, al contrario, todo mundo lo sabe...

Licenciado Rojas (tacha). El susodicho, ampliamente conocido...

Doctor Hoyos. Es que, déjeme explicarle...

Licenciado Rojas (golpea la máquina). Estimados. Si no nos vamos a poner de acuerdo y el cadáver presenta putrefacción, no garantizo...

Doctora Cuevas. Más que putrefacción me atrevería a hablar de esqueletos.

Licenciado Rojas. Entonces el crimen ya prescribió.

Doctor Luna. No. Todo lo contrario, las víctimas...

Licenciado Rojas. ¡Víctimas! Ahora son varias...

Doctora Cuevas. Muchas.

Doctor Hoyos. Muy numerosas.

Doctor Luna. Miles. Millones.

Licenciado Rojas (se levanta). Basta. Se burlan del poder a mi digno cargo. Médicos. Que sí, que no. Muerto conocido. Que sí, que no. Uno. No, millones. ¿De qué se trata todo esto?

Doctora Cuevas, Doctor Hoyos, Doctor Luna (al unísono). De la extinción de los dinosaurios.

Licenciado Rojas (se vuelve a sentar). Vaya, ahora sí, todos de acuerdo. ¿Una familia numerosa?

Doctor Hoyos. Familia propiamente, no. Grupo.

Doctora Cuevas. Déjenme hablar a mí. Mire usted, licenciado, estábamos hablando de esos seres indefensos, pacíficos, incluso vegetarianos, que...

Licenciado Rojas. ¿De ésos? Nunca me han gustado. Pero siga.

Doctora Cuevas. Que vivían en paz, en equilibrio. Eran de sangre fría.

Licenciado Rojas (escribe). No proclives a las querellas.

Doctora Cuevas. De ciclos reproductivos estables.

Licenciado Rojas. Vida sexual sin escándalos. En resumen, un grupo decente, ¿cierto? Bien, ¿cómo fueron ultimados?

Doctor Luna. Algunos se encontraron bajo toneladas de tierra, otros incrustados en las rocas, muchos en bloques de hielo y varios pedazos dispersos en...

Licenciado Rojas. Vaya. He visto de todo pero ¡qué saña! Nombre del presunto victimario.

Doctora Cuevas. Precisamente ése era el tema de nuestra plática. Es lo que nos gustaría saber, cómo fue.

Doctor Hoyos. Y por qué motivo.

Doctor Luna. Eso estábamos discutiendo en el Colegio cuando públicamente y por la fuerza...

Licenciado Rojas. Calma, mi estimado. No se exalte. Para eso estamos, digo, para averiguar. ¿Tienen algunos indicios? ¿Sospechosos? ¿Fechas?

Doctora Cuevas. ¿De qué?

Licenciado Rojas. ¿Cómo de qué? Pues de eso, de la matazón de que hablaban.

Los doctores se arrebatan la palabra.

Doctor Hoyos. Claro que sí. Sabemos que sucedió al final del Cretácico. Hace 65 millones de años.

Doctora Cuevas. Es posible que pequeños mamíferos comieran los huevos de los dinosaurios, dado que...

Doctor Hoyos. Eran poco inteligentes y posiblemente perdieron la capacidad de adaptarse al medio ambiente, por lo que...

Doctor Luna. O cambios climáticos debidos a...

Doctora Cuevas. A causa de su tamaño, un ligero aumento en la temperatura pudo afectar su fertilidad y entonces...

Doctor Luna. Tal vez impactos catastróficos como...

Doctor Hoyos. Los alcaloides de las angiospermas o la escasez de alimentos...

Doctor Hoyos. La forma de...

Doctor Luna. Cometas o meteoritos...

Licenciado Rojas (de pie, da un manotazo sobre la mesa). ¡Basta! ¡Silencio! Esto es un manicomio —rompe el acta—. Largo, largo todos de aquí... ¡Agentes! —tres fornidos policías conducen a los doctores y al señor Osorno fuera.

Licenciado Rojas (se seca el sudor con un arrugado paliacate rojo. Se sienta. Pone en orden el escritorio). Lo único que me habría gustado saber es si el delito era o no del fuero común.

17

Hamilton & Co.

Sir William Rowan Hamilton, a mediados del siglo XIX, logró expresar la energía cinética de un sistema mediante los momentos y las coordenadas. Las ecuaciones de Hamilton, o hamiltonianos, son poderosas herramientas matemáticas en numerosos campos de la física. No obstante su importancia y utilidad, a menudo los libros de texto omiten razonamientos y hacen aparecer a los hamiltonianos "como por arte de magia".

 Con seguridad todos ustedes, queridos colegas, asistieron alguna vez a una clase de física donde el profesor comenzó su cátedra diciendo: "Dado el hamiltoniano del sistema..." Y esta corta oración le bastó para iniciarlos en el campo del magnetismo, de la superconductividad, de los sistemas nucleónicos, para mencionar sólo algunos ejemplos. Por supuesto, los hamiltonianos son conceptos clave de la mecánica cuántica y, ¿por qué no decirlo sin rubor?, de la mecánica clásica.

Muchos se han preguntado: ¿qué era la física antes del hamiltoniano? Ya hubo quien, confundido, escribiera una loa poética al hamiltoniano involucrando a Nelson y a Lady Hamilton. Tanta veneración y desmesura provoca el nombre. Yo, parafraseando a Arquímedes, digo: "Dadme un hamiltoniano y haré una teoría física..."

Pero, vayamos enfrentando nuestro asunto: ¿De dónde diablos sacan los físicos el bendito "hamiltoniano del problema"? Y una vez que lo tienen, ¿por qué siempre resulta ser "el adecuado"? ¿Son los hamiltonianos entes que siempre han existido, a la espera de un genio con suerte que los pesque? ¿Acaso la Biblia podría comenzar diciendo: "En el principio era el hamiltoniano..."?

Yo quisiera que alguien me presentara a un físico que no haga uso (y abuso) del hamiltoniano. He hojeado hoy el tomo correspondiente a enero-marzo de 1980 de *Physics Abstract* y he encontrado 12,748 referencias al hamiltoniano. Hay quienes me llaman ocioso; yo me considero digamos, estudioso del tema. Hay más en un hamiltoniano de lo que aparenta haber; eso es lo que pretendo probar en mi futura tesis doctoral que llevará un título como: "La importancia del hamiltoniano en la transformación del mono en hombre".

Como adelanto transcribo a continuación tres relatos tomados al azar de diversas publicaciones cuyas fuentes, por razones obvias, no me es dado revelar aquí.

Uno. Los hermanos siameses Rómulo y Remo X, nacieron unidos por la punta de la nariz. Un afamado cirujano los separó a temprana edad y sin embargo, desarrollaron una fuerte interdependencia que preocupó seriamente a sus padres. Éstos, por el bien de los hermanos, decidieron encaminarlos por sendas diferentes con el fin de hacerlos independientes. A Rómulo lo dedicaron a las leyes y a Remo a la física.

Pero, al finalizar sus estudios, Rómulo y Remo se dispusieron a realizar una tesis en común. El examen profesional se llevó a cabo, a causa de las dificultades burocráticas planteadas, en terreno neutral: en la Escuela de Arquitectura. Los sinodales eran, por supuesto, un físico, un abogado y, para equilibrar, un doctor en filosofía. El título de la tesis fue: "El hamiltoniano. Algunos aspectos físico-legales de su aplicación". Trata, como es razonable suponer, de aquellos casos en que el uso del hamiltoniano conduce a violaciones de las leyes físicas y constitucionales. (La recomiendo ampliamente.)

Dos. Un profesor de primaria que había pasado por las aulas de la Escuela Superior de Física y, con todo el amor a la ciencia que caracteriza a los profesores de primaria, decidió inculcar a sus alumnos desde temprana edad la admiración que él sentía por los hamiltonianos. Habló durante tres horas de la belleza de la formulación hamiltoniana, de las propiedades de los hamiltonianos y de la manera de calcularlos. Terminada su exposición, los pequeños lo miraban boquiabiertos. No hubo preguntas.

Dos semanas después, uno de los alumnos fue internado en una casa de salud. Desde la noche siguiente a la clase de los hamiltonianos, juraba que bajo su cama se encontraban dos hamiltonianos dispuestos a atacarlo.

Tres. Un filo-fisiólogo, dedicado a los problemas de percepción del lenguaje oral en los invidentes, frecuentaba una escuela de ciegos con el objeto de investigar el impacto que las palabras utilizadas para designar cosas abstractas causaba en sus cerebros. Una de las palabras, tomada al azar de entre varias que los ciegos desconocían, resultó ser "hamiltoniano". La pregunta ¿qué te sugiere la palabra hamiltoniano?, recibió, entre muchas, las siguientes respuestas.

a) Hamiltoniano. Miembro de una secta religiosa que no reconoce la infalibilidad del Papa.

b) Hamiltoniano. Pan semejante al de la hamburguesa, pero sin ajonjolí.

c) Hamiltoniano. Verso endecasílabo de consonancia atónica característico de la Edad de Oro.

Para concluir, déjeseme adelantar la siguiente y humilde profecía. La III guerra mundial se ganará con un hamiltoniano.

18

La yerbera

La medicina herbolaria en nuestro país tiene sus raíces en las culturas prehispánicas. La ciencia ha reconocido la eficacia de los principios activos de muchas plantas y hoy día numerosas personas, antes reacias por considerarlo asunto de charlatanes, recurren a tratamientos con base en tés, infusiones y emplastos.

Personajes: Rosa Flores (médico), Margarita Prado (amiga de la anterior), doña Violeta (yerbera), un vendedor.

La escena se desarrolla en un vistoso mercado, frente al puesto de yerbas de doña Violeta. La doctora Flores y la señora Prado se aproximan al puesto.

Señora Prado. ¿Quieres que pasemos al puesto de las yerbas? A ver si no está muy concurrido. Con eso de que ahora están de moda las yerbas. Ya nadie quiere saber de antibióticos ni jarabes.

Doctora Flores. Yo no vengo por la moda. Como médico, conozco el poder curativo de los principios activos de las plantas.

Vendedor. Limones, güeritas, ¿cuántas docenas?

Doctora Flores (lo ignora). Lo que me haría poca gracia es que alguno de mis pacientes me viera comprando yerbas en el mercado.

Señora Prado. Pero, ¿qué tiene de malo?

Doctora Flores. Es que hay quienes piensan que es brujería.

Señora Prado. Es cierto. O cuando menos, que viniendo con la yerbera ya no tienen para qué ir al doctor.

Doctora Flores. Sí, y a veces los yerberos recetan como si fueran especialistas y no tienen mucha idea, ya no digamos de medicina, de botánica. En fin...

Doña Violeta. Buenas, marchantas. ¿Qué van a llevar?

Doctora Flores. Pues...

Doña Violeta. Si me dice cuál es su molestia...

Doctora Flores (se ríe. A la señora Prado): ¿ves lo que decíamos? —a doña Violeta—: no se preocupe por mis molestias. Por lo pronto, quisiera... ¿cómo le dicen?... epazote. Es para mi sobrino. Tiene... lombrices.

Doña Violeta (saca un puñado de yerbas, lo pesa y lo pone en un periódico). Aquí tiene, seño.

Señora Prado. Yo necesito... estafiate. Usted sabe, para una purga.

Doña Violeta (le tiende un manojo). Aquí está.

Doctora Flores. Y deme, por favor, capulín.

Doña Violeta. Lo quiere para...

Doctora Flores. Para la tos... el pecho. Además —busca en un papel—, aquí está... —a la señora Prado—: es que apunté los nombres para no confundirme... —a doña Violeta—: Flor corazón.

Doña Violeta. Sí, seño —la pesa.

Señora Prado. Yo quiero tejocote. Es para la circulación.

Doña Violeta. Sí, seño.

Doctora Flores. Y por último... —se pone roja, voltea para cerciorarse que nadie más la escucha—, por último, zoapatle.

Doña Violeta (le tiende un paquete). Aquí tiene.

Doctora Flores. Por favor, marchanta, sepárenoslas. Preferiría que no se nos revolvieran.

Doña Violeta. Cómo no. Mire, aquí está el *Chenopodium ambrosioides*, que llaman epazote y sirve para tratar parasitosis intestinales.

La doctora Flores y la señora Prado se asombran de lo que dice la yerbera y durante el resto de la escena va aumentando su azoro.

Doña Violeta. Ésta, *Artemisia ludoviciana* o estafiate, ayuda a aliviar la atonía gástrica. *Prunus serotina*, antitusígeno. Perdón, usté lo conoce como capulín. El tejocote se llama *Crataegus pubescens*. Aquí está la flor de corazón, *Talauma mexicana*, que es un magnífico cardiatónico. Y aquí tiene su zoapatle, es decir *Montanoa tomentosa*, que es úteroconstrictiva...

La doctora Flores se ha quedado sin habla.

Doña Violeta. ¿Les falta algo?

Doctora Flores. Oiga, pero usted... es una yerbera. ¿Cómo sabe todos esos nombres? Yo los conozco porque soy médico. ¿Cómo es posible que...?

Doña Violeta. Ay, marchanta... yo soy bióloga.

Doctora Flores. Pero, ¿qué hace usted aquí? ¿Qué hace de yerbera en un puesto de mercado?

Doña Violeta. Me gano la vida.

Señora Prado. ¿Qué le sucedió entonces?

Doña Violeta. Trabajaba en un laboratorio farmacéutico. Por la crisis, redujeron a la mitad el número de investigadores y yo salí entre los despedidos.

Doctora Flores. ¡Qué horror! ¡Qué indignante!

Señora Prado. ¡A dónde hemos llegado!

Doctora Flores. Pobre de usted —saca un billete—: tenga, quéde-se con el cambio.

Doña Violeta. Gracias. Que tenga suerte.

La doctora Flores y la señora Prado se alejan con su paquete de yerbas. La doctora Flores se detiene y, pensativa, regresa:

Doña Violeta. ¿Olvidó algo?

Doctora Flores. ¿Sabe qué? Deme también colorín. Es para una limpia.

19

"No tengo nada contra ellos..."

La partícula llamada quark, cuyo nombre supuestamente proviene de James Joyce, fue bautizada así por Murray Gell-Mann, el fundador de la cromodinámica cuántica, violando con ello la convención que data desde principios de siglo de llamar a las partículas con letras del alfabeto griego.

 —No tengo nada contra ellos, profesor Raid —le dije un día mientras tomábamos un insípido café en su laboratorio—, nada absolutamente. Es más, empiezo a tomarles, si no cariño, algo parecido al aprecio. Lo que me repele... —el querido profesor Raid, bastante duro de oído (83 años no pasan en balde), apenas escuchó la última palabra. Sin dejarme terminar la frase se dirigió al pizarrón y escribió:

Cargas iguales se repelen.
Cargas diferentes se atraen.

—No —me dijo con dulzura—, usted nunca tendrá ideas originales; por supuesto que se repelen —y llevó otra vez su taza a los labios, con una gran sonrisa que me dio ánimos para retomar mi frase inconclusa.

—Me refiero al nombre, profesor Raid. Siempre se han utilizado nombres griegos: pi, lambda, baryones, leptones, mus. ¿Por qué romper la tradición? ¡Quarks! Es espantoso. Es antipático. El propio Feynman lo dice.

—¿Qué es lo que dice Feynman? —preguntó por cortesía. Lo ignoré.

—Acepto, las tradiciones se acaban. Pero, ¿por qué buscar una palabra tan poco sugerente y al mismo tiempo tan esnob? *Finnegan's Wake*, ¡por Dios!

—Tiene usted razón —me dijo, por primera vez me la otorgaba desde que trabajábamos juntos—, es un libro ilegible.

—Pero aún suponiendo —continué— que aceptemos el nombre, que hagamos de tripas corazón... Está bien, se llaman quarks, así es. Quarks. ¿Qué necesidad había de ponerles colores?

—Sí —dijo el profesor Raid—, ya no hacen el café como antes. Quiero decir, esto ya no es café. Pero usted no se preocupe, le pondré té.

—Detesto el té —contesté en tono conciliador—. Y sabores. Sabordinámica y cromodinámica cuánticas. Seis sabores, tres colores, varias tallas a escoger. ¡Bautice su quark, pase a la historia!

—No se altere —me dijo Raid—, no es para tanto. ¿Qué diferencia hay entre ofidio y víbora? O también... —no logró terminar la frase; la tetera silbaba y se levantó a servirme.

—Odio el té —le dije sonriendo—, pero me preocupa el futuro estético de la teoría cuántica.

El profesor Raid tomó un par de terrones de azúcar y mirándome por encima de sus trifocales me preguntó:

—¿Cuántos?

20

El hospital de dietética

Los graves problemas de salud pública, como la desnutrición, parecen haber pasado a segundo plano frente a la aparición del sida.

 La escena se desarrolla en un consultorio del afamado Hospital Nacional de Dietética. El doctor Quiñones, especialista en desórdenes multidisciplinarios, recibe al señor Aguado.

Doctor Quiñones. Adelante, señor... —mira el expediente— ...Aguado. Tome asiento por favor.

El señor Aguado, delgado, cetrino y tímido, se sienta. El doctor Quiñones lee el contenido del expediente.

Doctor Quiñones. Estimado señor Aguado, lo envía el médico general. Síntomas principales... peso bajo... propenso a infecciones... avitaminosis de cuarto grado... dificultades de concentración... anemia... desánimo... ¿Es correcto?

Señor Aguado (retorciendo un botón de su gastada camisa). Este... pos sí.

Doctor Quiñones. ¿Cómo describiría usted su estado?

Señor Aguado. Yo... este... pos con el nervio de no amanecer un día de éstos.

Doctor Quiñones. Ah, ya veo. ¿Y sabe usted por qué lo han enviado a Desórdenes Multidisciplinarios?

Señor Aguado. Pos la verdá, no. ¿Qué son?

Doctor Quiñones. A reserva de tener los resultados de las pruebas inmunológicas, los exámenes exhaustivos que se le han practicado por ecosondeo y termodiagonalización nos hacen sospechar que su caso es muy grave.

Señor Aguado. No, pos qué mal.

Doctor Quiñones (misterioso). ¿Ha oído hablar del sida?

Señor Aguado. No.

Doctor Quiñones. El síndrome de inmunodeficiencia adquirida.

Señor Aguado. ¿Ah, sí?

Doctor Quiñones (para sí). Todos los síntomas concuerdan. Absolutamente todos. Sin embargo... no deja de intrigarme que no pertenece a ninguno de los grupos de alto riesgo. Quizá éste sea un caso fuera de la norma. "El sida en pacientes no potencialmente adquirientes. Reporte de un caso." Sí, suena bien para un artículo.

Señor Aguado. Oiga, doctor, ¿y con qué se cura?

Doctor Quiñones (tomado por sorpresa). ¿Cura?... Ejem... Pues...

Señor Aguado (tímido). ¿Inyecciones?

Doctor Quiñones. Eh... bueno... mire, actualmente... se sabe que la cubierta tensoactiva lipoproteínica del virus VIH desencadena reacciones inmunológicas regresivas cuya patología repercute en el sistema linfogranuloide de la...

Señor Aguado (interrumpe, muy a su pesar). Ay, doctor, no le siga. Me voy a morir, lo sé.

Doctor Quiñones. Veo que me ha comprendido perfectamente.

Tocan a la puerta. Se asoma una enfermera.

Enfermera. Los resultados de gabinete, doctor Quiñones.

Doctor Quiñones. Gracias, enfermera —ésta sale.

El doctor Quiñones lee los papeles, los revuelve, los lee otra vez, los sacude como si algo faltara, los revisa.

Doctor Quiñones (contrariado). Esto no es posible.

Señor Aguado. Ay, ¿qué más, doctor?

Doctor Quiñones. Ninguna señal del virus. Ningún anticuerpo. Antígenos, negativo. Me temo...

Señor Aguado (horrorizado). ¡¿Qué?!

Doctor Quiñones. Que no tiene usted sida. Se trata (echa otro vistazo a los papeles) tan sólo de un común, vulgar y corriente caso de desnutrición de cuarto grado.

Señor Aguado. Menos mal —se seca el sudor de la cara con un paliacate—: gracias, doctor —sale.

Doctor Quiñones (furioso). No sólo se me va mi primer artículo. Se me va de las manos mi primer caso de sida.

21

Dos fábulas

La eterna discusión sobre la primacía de una disciplina sobre otras y el conocimiento como nueva arma de los poderosos, dan pie a estas fábulas. El uso de animales como personajes es característico del género de la fábula; cualquier parecido con personajes reales es mera coincidencia.

La Tortuga matemática, el Ratón físico y el Ganso filósofo

 Un soleado día se encontraron al borde de un arroyo un Ganso, un Ratón y una Tortuga.

La Tortuga de profesión tenía la matemática. Proposición, axioma, teorema o lema, todo con letras griegas expresaba.

El Ratón, por su parte, a la física dedicaba sus esfuerzos. Con experimentos extraía de la naturaleza los secretos para plantear leyes y modelos.

El Ganso, en cambio, filósofo era. Serio y circunspecto, la metafísica era su fuerte. Todo argumento en su contra rebatía.

Después de saludarse muy amables, los tres sabios animales entablaron conversación. Cada uno quería a los otros demostrar que su ciencia era la importante.

—Hermanos míos —dijo la Tortuga— sin matemáticas no existe la ciencia. Si no puede expresarse en mi lenguaje, cualquier idea es palabrería.

—Perdonad, amigo —corrigió el Ratón—, la matemática, aunque muy útil, es de la física mero instrumento.

—Olvidáis —agregó el Ganso soltando un graznido— que la filosofía es base no sólo de las vuestras, sino de cualquier ciencia.

—Hermano Ganso, si bien es cierto que con la filosofía nació la ciencia, hoy es para el científico mera curiosidad histórica —explicó la Tortuga.

—No os adelantéis, Tortuga —dijo el Ratón—, que vuestra disciplina es un juego, una divagación.

—Hermanos —profirió el Ganso filósofo—, si no os definiera los conceptos de razón, idea, esencia, mente, ¿qué haríais con vuestras respectivas ciencias?

Cuentan que los tres sabios discutieron tres días con sus noches sin llegar a acuerdo alguno. Todos querían la razón de su parte, llenando de críticas a la ciencia ajena.

Cansados de discutir acudieron con el León, monarca de los animales, a solicitar su veredicto.

El rey los oyó con poco entusiasmo y después de pensarlo un momento, rugió:

—Los tres tienen razón, siempre y cuando paguen puntualmente sus impuestos.

El León ecólogo

La Vaca, la Cabra y la Oveja vivían en un pequeño terreno cercado. Su alimento era un producto procesado, de sabor indefinido, que el Hombre les llevaba con regularidad zootécnica. Los tres languidecían soñando con las verdes hierbas silvestres que veían a lo lejos, y también de antojo observando a los Ciervos que las consumían libremente.

Llamaron al León, cuya experiencia en ecosistemas era de todos conocida. Después de escuchar sus quejas respecto a la falta de oportunidades y al desequilibrio de competencias, el León juzgó que se trataba de un problema ecológico y les propuso una solución muy razonable. Para que la Vaca, la Cabra y la Oveja tuvieran las mismas oportunidades alimentarias, debían tener acceso a las hierbas silvestres como cualquier herbívoro salvaje, e incluso podría darse el caso de que con el tiempo, llegasen a gustar de la carne de los animales de la que el León se alimentaba. Decidieron pues, por consejo del León, tirar la cerca que delimitaba su pequeño terreno y dejar que las fuerzas naturales entraran en acción.

La Oveja, la Cabra y la Vaca, engolosinadas con la hierba fresca, se olvidaron del alimento procesado. Hasta que llegó el invierno.

Las hierbas silvestres desaparecieron y la competencia, que era lo que se pretendía con la medida ecológica del León, llegó a su máximo. La Cabra, la Oveja y la Vaca tuvieron que repartirse, en detrimento de sus pesos corporales, el alimento procesado con los Ciervos.

Al ver el León a los Ciervos gordos y a su alcance, que en anteriores inviernos eran escuálidos y marchaban en busca de otros pastos, agradeció a la Vaca, a la Oveja y a la Cabra su interés por la ecología.

22

El venerable Gurú Merequethendra Mahareti Yogi

La complejidad de las últimas teorías físicas y su rimbombante nomenclatura han dado lugar a supercherías que, al contrario de lo que ocurre con la física, generan buenas ganancias.

El Santo y Venerable varón nos recibe en su modesta oficina del piso 28 del rascacielos "Cashmere Enterprises Inc". Observamos con admiración las paredes del despacho, forradas completamente de caoba perfumada. Nos lee el pensamiento:

—La madera es el único elemento material —nos dice— cuya esencia permite sin menoscabo la meditación iluminativa.

Su túnica es blanquísima, no así sus uñas. Pero llaman más la atención sus cabellos largos, entrecanos y enredados, y sus ojos profundos, reflexivos, casi podríamos decir hipnóticos.

AMSM. Venerable y Divino Maestro Mahareti...
Gurú (con suma modestia). Por tal de romper el hielo, podéis llamarme solamente Divino.
AMSM. Ah, sí, Divino Maestro. El motivo de esta entrevista...
Gurú. ¿Entrevista? —contrariado—. Yo creía que era una consulta.
AMSM. No, no. El asunto es hacerle unas preguntas sobre un desplegado que bajo su nombre...
Gurú (interrumpe). Venerable Nombre (y baja pausadamente sus ojos).
AMSM. Bajo su Venerable Nombre apareció en la prestigiada revista *Luminiscencia* que publica la Asociación de Para-profilaxis Meditativa.
Gurú. Sí... ¿Cuál es el problema?
AMSM. Sucede que hemos tenido muchos llamados...
Gurú. ¿Llamados espirituales?
AMSM. ¿Eh? Ah, bueno, no. Telefónicos. El público que ha leído el desplegado se ha estado comunicando con nosotros al ISDC...
Gurú. ¿Otra secta?
AMSM. El Instituto para la Solución de Dudas Científicas. La gente quiere saber si la Gran Unificación Trascendental tiene algo que ver con la teoría ésa que está de moda entre los físicos.
Gurú. ¿A qué teoría de moda te refieres, hija mía?
AMSM. Pues... a la que pretende unificar las cuatro fuerzas fundamentales de la naturaleza: electromagnética, débil, fuerte y gravitacional. ¿Qué tienen en común ambas unificaciones?
Gurú. Mire jovencita... el campo unificado es descrito por la teoría de la supergravedad de la física cuántica como un campo de pura inteligencia supersimétrico y no abeliano, que genera las

partículas fundamentales y las fuerzas de la naturaleza mediante su dinámica infinitamente autoconsistente a la escala de Planck, dando lugar a la infinita diversidad del Universo... ¿Me comprende?

AMSM. No.

Gurú (saca unos papeles del cajón). Mire usted. Casualmente tengo conmigo unas formas de inscripción para la Universidad Espiritual Merequethendra. Si lo desea...

AMSM. Dígame, ¿cuáles son las ventajas de su teoría?

Gurú (sonríe benevolente). Que lo explica todo.

AMSM. Perdone usted, pero... a mí no me ha explicado nada.

Gurú. Date cuenta hija: ya que el Campo Unificado es un campo multiprobabilístico, sus cualidades son innumerables. Su supersimetría lagrangiana, su autointeracción no abeliana, su campo de norma autosuficiente, su dinamismo infinito, garantizan la prosperidad eterna, la eliminación del estrés y la autosuficiencia alimentaria del universo. Pero lo principal...

AMSM. ¿Lo principal?

Gurú. ¡Es la inmortalidad! La invariancia en el tiempo de la densidad lagrangiana del Campo Unificado permite al individuo aspirar... Pero me estoy adelantando. Éste es el tema de una conferencia que dictaré muy pronto —se pone de pie— y hablando de inmortalidad, hija mía, es hora de mi lonche —sale.

23

Las bacterias o el microscopio

En este relato, las bacterias alegan su derecho a existir,
independientes del observador.

 Dicen los que dicen que saben, que si no hubiera sido por el microscopio, nosotras no existiríamos.

Me explico: resulta que somos seres unicelulares, animadísimos, pero sobre todo, microscópicos. Por tanto, es imposible vernos a simple vista. De lo cual se desprende que antes de la invención del microscopio, a pesar de nuestra vitalidad omnipresente y en algunos casos —confieso— nociva, era como si, para fines prácticos, no existiéramos. Los efectos de nuestras intervenciones se achacaban a causas percep-

107

tibles aunque erróneas. En otras palabras, si no nos veían, no éramos. (Hay que tener cuidado con este tipo de argumentos porque pueden conducir a laberintos filosóficos, como le ocurrió alguna vez a la mecánica cuántica.) En el momento en que se nos descubre, se nos da autorización para existir. Protesto. Es cierto, se desconocía nuestro aspecto, características, funciones. Pero de que allí estábamos, estábamos.

Tal vez Leenwenhoek no lo sabía, pero ese tufillo a vino que se desprendió de su boca cuando se inclinó ante la lupa era, a fin de cuentas, obra de nosotras.

24

Los problemas de la fricción

La fricción es un fenómeno inevitable; la energía se disipa, los cuerpos pierden velocidad y se calientan. Es un fenómeno cotidiano.

 Alguien me ha sugerido que escriba sobre el deporte y la ciencia. Confieso que el deporte y yo estamos distanciados (la culpa ha sido mía). Para no hablar de algo que desconozco, podría escribir solemnemente sobre la relación fuerza-palanca-rodillazo o la ecuación clavado-momento de inercia-chapuzón o sobre tantas otras cosas igualmente interesantes. Sin embargo, existen libros muy buenos que abordan con amenidad el tema de la física del deporte. ¿Qué puedo entonces relatarles a mis lectores deportistas?

Les contaré la historia de Jacinto Meléndez. Jacinto fue un nadador fuera de serie. Desde muy pequeño dio grandes trabajos a su madre pues insistía en hacer "muertitos" en su bañera de bebé. A los dos años logró atravesar en tiempo récord la tina de baño. Poco después, sus padres lo inscribieron en un club de natación, "Las nereidas", donde destacó rápidamente. Fue triunfador en todas las competencias.

Jacinto nadaba varias veces el largo de la alberca antes de irse a la escuela, al regresar y por la tarde, después de la tarea. Su madre tenía gran cuidado de untarlo con vaselina por las noches, ya que las prolongadas inmersiones daban a Jacinto el aspecto de uva pasa sin semilla. (Esto explica el mote de "el pasa" Meléndez.)

Los cazadores de talentos lo encontraron por fin. Empezaron las competencias interclubes, las nacionales, las internacionales. Resultó, en vista de su dedicación y buen desempeño, el candidato absoluto para la Olimpiada de X...

Hasta aquí, he presentado la imagen de un nadador absorbido por el ejercicio físico, el entrenamiento, las horas anfibias. Espalda, pulmones, brazos, todo a la medida de un campeón. Pero Jacinto también utilizaba la cabeza. Quiero decir, se dio cuenta de que la ciencia y la tecnología podían ayudarlo mucho para alcanzar su meta: romper los récords mundial y olímpico.

Estudió, pues, mecánica, aerodinámica, termodinámica, todo cuanto podía servirle de apoyo para la natación. Vio a nutriólogos, psicólogos, médicos, atletas, decanos nadadores, ex campeones. Observó el desplazamiento de los animales acuáticos, la elegancia del tiburón, las formas de la mantarraya.

Llegó Jacinto a la conclusión de que su único obstáculo para llegar al campeonato absoluto era la fricción. Malhadada fricción, maldito mundo donde el movimiento termina por detenerse, donde la energía se disipa.

Probó entonces a cortarse el pelo al rape; ahorró un segundo. Se untó de aceite lubricante; otro segundo menos. Quedaba el traje de baño. ¿Cómo acabar con ese problema sin el riesgo de la indecencia? La tela, siempre rugosa, siempre arrugable. Segundos perdidos por trapos. Probó materiales, diseños, tamaños. Dio con la solución: suaviplus azulito. ¡Un segundo más ganado al cronómetro!

El día de la magna competencia, para extrañeza de los entrenadores, decepción de los fanáticos y ruina de los apostadores, Jacinto Meléndez no logró romper los récords. Nadó bien, llegó en primer lugar, pero nada más. Se le notó distraído, casi indiferente.

Cuando lo entrevistaron, sólo dijo: "perdí a causa de una fricción". Y se encerró, malencarado, en los vestidores.

Nadie supo que aquella mañana, antes de la competencia, Jacinto había reñido con su novia.

25

Laberinto sin fin

Aunque no la vemos ni la olemos, estamos sometidos constantemente a la contaminación por ruido, que causa graves problemas a la salud, en especial al sistema nervioso. Este relato contribuye a dicha contaminación.

 Me despierta el sonido estridente de la chicharra del reloj que siempre se atrasa mientras un perro salido de no sé dónde ladra al ritmo del primer *ruta 100* que pasa con su equipo anticontaminante rugiendo frente a mi ventana y el basurero en la esquina canta a voz en cuello *bésame mucho* interrumpido por los gritos de mi madre desde la cocina ¡revueltos o estrellados! que resuenan con la voz del locutor que vocifera las noticias que ella no atiende porque la olla exprés silba con furor y las cacerolas del estante suelen a esa hora caerse al suelo con estrépito digno de banda militar.

Me levanto. El vecino de arriba hace ejercicio y cuando brinca siento que lo hace sobre mi cabeza lo cual de alguna manera es cierto pero las bocinas del camión que recoge a sus hijos distrae mi furia que se diluye porque el ruido del tráfico que se inicia promete mayores despliegues sonoros. Por fortuna los agujeros que abrieron en la calle hace un mes para el agua se reabren hoy para el teléfono pues oigo el taladro neumático y la gorda del ocho se pelea a gritos con su suegra y su marido oye ópera para no escucharlas.

Silbo mientras me baño me arreglo desayuno como siempre de pie acompañado del sonido de platos y tazas que mi madre sigue azotando en su afán por terminar pronto con la cocina le grito adiós lo más fuerte que puedo aunque sé que no puede oírme y salgo dando un portazo porque la puerta está descuadrada.

Corro a la parada de las peseras pasa como tromba un materialista rugiente gracias a sus tubos de escape cromados y atrás de mí el patio de la primaria con un alboroto de tiernas voces que despiertan en mí un deseo instintivo de ahorcar al tiempo que el claxon de la combi me despierta de mi ensueño asesino y asciendo y quedo seguro dentro portazo mediante.

La combi va por rutas llenas de vericuetos haciendo sonar su escape directo entre bocinazos y recordatorios a las víctimas inmoladas a su paso gracias a un brazo peludo que indica vuelta justo en la dirección opuesta a la que vira mientras el radio a un volumen cien veces su tamaño me hace evocar imágenes infernales.

Bajo y a duras penas esquivo la moto del yunior que perdió la ruta dorada de insurgentes con sus válvulas a toda gasolina plomiza la cóclea me hace cloc el órgano de Corti se me desafina y el tímpano se me destiempla cuando un yet a punto de aterrizar pasa sobre mi cabeza.

Entro a la zapatería donde modestia aparte vendo lo mejor en calzado italiano hecho en león y la música ambiental zumba dulzona constante el dueño me llama a gritos desde su oficina la mecanógrafa interpreta una tocata y fuga y el maestro zapatero de la accesoria de junto clava con saña las suelas de algún ejemplar que seguro vendí ayer.

Afuera el ruido del tráfico se intensifica y el aullar de una patrulla hace vibrar mis células más recónditas sin recuperación posible al tiempo que el elevador del edificio que nos alberga fricciona con ritmo sus cables en cada subida y bajada.

Salgo a comer a la fonda de la esquina cuya sinfonola escupe una música guapachosa a todo pulmón y el ruido de la cocina me hace recordar a mi madre las sillas son arrastradas por los parroquianos y la campana de una iglesia compite con el carrito de los helados que toca abriendo camino al carrito de los camotes que vendrá tras él.

De regreso al trabajo el patrón sin apagar su música ecológica prende la tele porque el partido de fut está en su apogeo y sube el volumen no sea que perdamos el alarido de gol y es época de lluvias truena el cielo como a cañonazos se ha armado un lío pues fallan los semáforos y todos quieren pasar enfurecidos se pegan al claxon esperando que las ondas acústicas los impulsen hacia adelante.

Termina mi jornada salgo corriendo aunque la lluvia ha cesado un rechinido de frenos me tensa al grado que decido entrar a un supermercado en donde no necesito comprar nada me acerco a ver las revistas y el departamento de enseres eléctricos se las ingenia para a un tiempo hacer sonar veinte televisores cuatro tornamesas y otros tantos compac con bocinas dignas de escucharse en el zócalo y una computadora en oferta hace clic clic.

Salgo de allí con miedo de volverme si no loco cuando menos sordo dichosos los que no oyen en el estacionamiento la alarma de un coche inmenso que su dueño dejó pegada el silbato del cuidador que anuncia su presencia y los golpes de martillo sobre la lámina de un chocado que el hojalatero en ciernes repara.

A punto de declararme damnificado auditivo observo a lo lejos un oasis de esparcimiento una marquesina de cine no plus que ofrece al paso del auto manejado por muchachos que gustan de ecualizar a todo volumen la película muerte en la disco me compro mi boleto y me siento en medio del sonido envolvente de bocinas estereofónicas que alarde técnico le hacen sentir al público que se encuentra en medio de una banda de rock.

Por fin estoy a mis anchas me dispongo a relajarme el vecino de atrás extrae subrepticiamente su lata de pepsi que abre con destreza y una crujiente bolsa celofánica de palomitas y al ritmo de sus ansiosas mandíbulas arruina mi día.

26

Don Romualdo, la masa y el peso

La masa y el peso, conceptos estudiados desde la primaria, siguen confundiéndonos, aun en la cola de las tortillas.

 Don Romualdo, no por nada, es uno de los personajes más conspicuos del barrio donde vivo. Es dueño de la tortillería de la cuadra donde, maravilla de maravillas, las tortillas todavía son de maíz. A esta razón se deben las largas colas a la una de la tarde bajo el sol despiadado de Contreras. A esta sola razón, porque si el vecindario juzgara no por el sabor de las tortillas, sino por el carácter de su despachador, estoy segura de que el establecimiento habría ido a la quiebra hace ya bastante tiempo.

Don Romualdo es hosco, seco, malencarado. Pero no es sólo eso. Su balanza es de poco fiar (no obstante los sellos que la aprueban) y en caso de duda, siempre la resuelve a su favor. Si un cliente le reclama, don Romualdo es capaz de partir salomónicamente una tortilla con tal de no ceder en un gramo. Para colmo de abusos, casi nunca tiene cambio y entonces lo "completa" con tortillas, pero a un precio fuera de la tarifa oficial.

Y heme aquí un soleado mediodía, formada en la larga cola compuesta por amas de casa, albañiles, niños acomedidos, jóvenes con uniforme de secundaria y domésticas de las casas ricas. La espera tiene trazas de durar.

De repente, los acongojados parroquianos dejamos de oír el rechinido de la máquina tortilladora. Un engrane se ha atascado.

Un operario sudoroso aparece por la trastienda y pinzas en ristre se inclina a revisar la máquina. Don Romualdo permanece inmóvil y en silencio.

De atrás de la fila se oye una voz de mujer.

—Uy, sólo esto nos faltaba. Además de los kilos de 800 gramos...

—Es cierto —responde otra señora—; don Romualdo roba en el peso.

—Y también en la masa —interviene un risueño albañil.

—Los kilos de don Romualdo son kilos completos... pero en Mazatlán —dice con aire docto uno de los jovenzuelos.

Los parroquianos lo miran entre incrédulos y jocosos.

—Oiga —dice una con pinta de cocinera—, ¿a poco la masa se hincha en clima húmedo?

—No, señora —responde el letrado—, simplemente la atracción gravitatoria es mayor al nivel del mar.

—Pero no estamos hablando de peso, sino de masa —digo como no queriendo— y ésa no cambia. El peso, en efecto, es la atracción de la gravedad y puede medirse directamente por medio de una balanza de resorte. Pero toma en cuenta que don Romualdo no utiliza una balanza de resorte, sino una báscula con una pesa, que es una masa patrón.

—¿Ya me hablan? —pregunta una doméstica distraída. Nadie la toma en cuenta.

—La báscula sirve para comparar dos masas —continúo diciendo—. Un kilo de masa es un kilo lo mismo en Mazatlán, que aquí o que en el Citlaltépetl, siempre y cuando se use el mismo patrón. Lo que varía según la distancia al centro de la Tierra es el peso, es decir —prosigo—, la atracción de la gravedad.

El operario levanta la cabeza y nos tranquiliza.

—No, no es nada grave, ahorita lo arreglo —y se vuelve a sumergir entre los engranes.

—Entonces —dice el jovenzuelo sonriendo por primera vez— don Romualdo no pesa las tortillas. ¿Qué es lo que hace?

—Lo que hace es comparar masas. El kilogramo es una unidad de masa, no de peso y sin embargo llamamos "pesar" a la acción de comparar dos masas. Para colmo, eso que llamamos "pesas" en una balanza, en realidad son masas.

—Oye tú —dice una señora a su vecina en la cola—, ya les está haciendo daño el sol.

—Para conocer el peso verdadero de una masa de un kilogramo —continúo sin sentirme aludida— tendríamos que calcular la intensidad de la atracción gravitatoria en el lugar que nos interese.

—Con razón —interviene otro de los jóvenes— decía un maestro el otro día que en la Luna las cosas pesan menos que aquí, en la Tierra.

—Cierto —añado—, la atracción gravitacional de la Luna es menor porque su masa es menor.

—¿Y entonces qué es la masa?

—Todos los objetos tienen una propiedad llamada inercia. Esto quiere decir que los objetos ofrecen resistencia a cambiar su estado de movimiento. Por ejemplo, es más difícil empujar a un camión que a un coche, porque el camión tiene más inercia que el coche. La inercia de un cuerpo está directamente relacionada con su masa: la masa es la medida de la inercia.

—La masa sirve para hacer tortillas —dice la cocinera con cierto tono de burla.

El rechinido encantador de la tortilladora recomienza. Se oye un suspiro generalizado y los jóvenes regresan a su lugar en la cola.

Don Romualdo despacha, sombrío. Cuando llega mi turno, mientras envuelvo mi kilo de tortillas, me dice en voz alta para que todos oigan:

—Aquí la masa es de puro maíz y mis kilos son de mil gramos. Y los pesos... son los pesos.

Y recoge el dinero que acabo de dejar sobre la mesa.

27

Más allá del arcoiris

Para J. L. S. B.

Desde niña, yo quería ser escritora. Mi padre, quien es científico, preocupado por mi vocación, dio en regalarme hermosos libros de física, visitas a planetarios, suscripciones a revistas de ciencia. Éste es un homenaje a su perseverancia (y a la mía).

 Muchos amigos me han preguntado por qué nunca escribo para los niños, que no son otra cosa que el futuro de la patria.

Cuando contesto que sí, que he escrito dos cuentos científico-infantiles, la gente esboza una sonrisa burlona. "¿Y a eso le llamas escribir para los niños?"

Cierto, es muy poco, demasiado poco. Casi me siento el Herodes de la divulgación.

"¿Tienes algo contra ellos?" No, nada en particular. Hasta tengo estimación por algunos ejemplares. "Entonces, ¿cuál es el problema?" ¿Problema? Tendré que ir al psicólogo.

El psicólogo indaga: "¿Cuál ha sido su relación con su padre?" ¿El primer cuento que me regaló? Unas tablas de trigonometría, a los cinco años. Por si llegaban a ofrecérseme. ¿Que si tengo instinto maternal? Yo creo que sí. Más bien me falta instinto divulgo-científico-maternal.

¿Algún trauma? No exactamente. Pero va de cuento.

Después del regalo de las tablas de senos y cosenos (que siempre tomé a broma), mi padre, al ver que las guardé debajo del cajón de los juguetes, me preguntó con mucho tacto si prefería otro tipo de lectura. "Sí", le dije "me gustaría un cuento de hadas, de ésos que leen los otros niños".

A la noche siguiente, contemplaba maravillada entre mis manos el libro *Más allá del arcoiris*, de pasta blanda y vivos colores en la portada.

Me lo leí de cabo a rabo. Lo volví a leer y fui donde estaba mi padre, junto al viejo tocadiscos, oyendo sus discos de swahili.

"Papi, ¿qué es el arcoiris?" Apagó el aparato. "Sí, ya sé cómo es, ya lo he visto. Pero, ¿qué es?"

(Por cierto, en este punto de mi relato, el psicólogo me hizo notar que si mi pregunta hubiera sido "¿de veras hay una olla de oro?", otro habría sido mi destino.)

Mi papá me sentó en sus piernas y me explicó qué era la luz, lo que le sucedía al pasar por un prisma, los índices de refracción, el interferómetro, el círculo de Rowland. Yo sólo lo miraba. "¿Entendiste?", me preguntó. Aquí tuve que mentirle. "No", le dije, "no entendí nada". ¿Sabe usted por qué le mentí? Porque no quería que me bajara de sus piernas y me mandara a la cama. Entonces, para aclararme las cosas, me habló de átomos, electrones, fotones, y me fui quedando dormida.

Después de esa noche, le dio por traerme cuentos muy a menudo. *La Cenicienta* fue pretexto para explicarme cómo podría funcionar, con base en principios físicos, una varita mágica y los fundamentos del láser. De *Los músicos de Bremen* aprendí qué es una onda acústica y los fenómenos sonoros. De *Juanito y los frijoles mágicos*, la ley de la gravitación universal. Y, por supuesto, de *Alicia en el País de las Maravillas*, algunos conceptos de la mecánica cuántica.

Queridos lectores, querido psicólogo, queridos niños abandonados. ¿Qué me quedaba sino estudiar física?

¿Comprenden ahora la responsabilidad que siento respecto a la infancia? ¿Puede haber fardo más pesado que el cargar a cuestas con las vocaciones de diez o veinte inocentes? Piénsenlo y me darán la razón.

Glosario

Cal clorurada. Compuesto utilizado como desinfectante a mediados del siglo XIX.

Cóclea. Cavidad del oído interno, también llamada caracol, que contiene el conducto coclear donde está situado el órgano de Corti con sus terminaciones nerviosas.

Constante de Planck. Constante física fundamental introducida por Max Planck, cuyo valor es h = 6.63 x 10^{-34} joules. Expresa la relación entre la energía de una radiación y su frecuencia (E = hυ).

Contracción de Lorentz. De acuerdo con la teoría especial de la relatividad, la longitud de un objeto en reposo en un sistema de referencia A, parecerá más corta a un observador en otro sistema de referencia B que se mueve respecto al primero.

Cretácico. Tercero y último periodo de la era Mesozoica. Comenzó hace unos 135 millones de años y finalizó hace unos 65 millones. Durante él tuvo lugar la extinción de los dinosaurios.

Ecosistema. Conjunto formado por los seres vivos, el ámbito territorial en el que viven y las relaciones que se establecen entre ellos.

Ecuaciones de Maxwell. Ecuaciones de la física clásica que muestran las interrelaciones entre la electricidad y el magnetismo.

Energías negativas. La teoría del electrón de Dirac predice que los electrones pueden existir en un "mar" de estados de energía negativa, normalmente ocupados y que no son directamente observables. Cuando a un electrón con energía negativa se le proporciona suficiente energía como para acceder a estados de energía positiva, se dice que ese electrón deja un agujero en el mar de estados de energía negativa. Dicho agujero se comporta como una partícula cargada positivamente.

Espinor. Objeto matemático complejo cuyas propiedades peculiares de transformación bajo rotaciones se utiliza para representar entidades cuánticas, por ejemplo, partículas no relativistas de espín 1/2.

Estrellas binarias. Sistema formado por dos estrellas que giran alrededor de un centro de gravedad común.

Fricción. Rozamiento de dos cuerpos al moverse uno sobre otro, que ocasiona pérdida de velocidad y calentamiento.

Hamiltoniano. Función que expresa la energía de un sistema en términos de coordenadas generalizadas de momento y posición.

Interferómetro. Aparato que permite la formación de franjas de interferencia y se utiliza para medir longitudes de onda con precisión.

Inversión térmica. Fenómeno en que las capas bajas de la atmósfera se hallan a una temperatura inferior a las capas más altas. Suele producirse en los valles, especialmente en invierno.

Láser. Fuente de radiación intensa monocromática que opera mediante la emisión estimulada de fotones. El haz resultante es coherente, está en fase, y tiene alta densidad de energía.

Ley de la gravitación universal. Los cuerpos se atraen entre sí con una fuerza directamente proporcional al producto de sus masas e inversamente proporcional al cuadrado de su distancia.

Ley de Stefan-Boltzmann. La energía que un cuerpo negro radia por segundo por unidad de área es proporcional a la cuarta potencia de la temperatura absoluta.

Mecánica cuántica. Teoría fisicomatemática que trata de la mecánica de los sistemas atómicos y subatómicos.

Onda electromagnética. La radiación producida por la vibración de campos eléctricos y magnéticos se propaga en forma de ondas que viajan en el vacío a la velocidad de la luz.

Órgano de Corti. Aparato situado en el oído interno y constituido por células de sostén y células auditivas que reciben los estímulos acústicos.

Paradoja de los gemelos. De acuerdo con la teoría especial de la relatividad, un reloj que se mueve con respecto a un observador parece marchar más lentamente que cuando se encuentra en reposo con respecto al mismo; a esto se le llama dilatación temporal. La paradoja de los gemelos plantea la situación en que uno de ellos se queda fijo en la Tierra y el otro parte a un viaje espacial con una velocidad cercana a la de la luz; al regresar, debido a la dilatación temporal, el gemelo viajero habrá envejecido menos que el que se quedó en la Tierra.

Principio activo. Sustancia contenida en un fármaco gracias a la cual éste obtiene su peculiar propiedad medicinal.

Principio de invariancia galileana. Las leyes de la naturaleza, en particular las leyes de movimiento de la mecánica clásica, son independientes de la velocidad del observador.

Quark. Constituyentes, actualmente considerados elementales, de los hadrones, es decir, de las partículas sensibles a la interacción fuerte.

Rayos X. Radiación electromagnética con longitudes de onda entre 10^{-11} y 10^{-8} metros, que puede penetrar los materiales opacos.

Sistema Nervioso Simpático. El Sistema Nervioso Autónomo se divide en simpático y parasimpático. El sistema simpático es un sistema de alarma: prepara al organismo para grandes y súbitos gastos de energía. El parasimpático se ocupa del mantenimiento de la homeostasis.

Teoría de la gran unificación. Teoría física que trata de describir, con un solo formalismo matemático y atribuyéndoles una causa única, todas las interacciones fundamentales, en particular las interacciones débil, fuerte y electromagnética.

Velocidad de la luz. Constante física universal cuyo valor es c = 2.99792458 x 10^8 m/s.

VIH. Virus de inmunodeficiencia humana (HIV, en inglés), causante del sida; es un retrovirus con una envoltura lipídica y un nucleoide cilíndrico denso característico.

Lecturas recomendadas

1. Hayward, J. A., *Historia de la medicina*, Breviarios del Fondo de Cultura Económica, México, 1980.

2. Chanig, A., *La verdadera historia de los dinosaurios*, Biblioteca Científica Salvat, Barcelona, 1985.

3. Trefil, J. S., *De los átomos a los quarks*, Biblioteca Científica Salvat, Barcelona, 1985.

4. Gamow, G., *Materia, tierra y cielo*, Compañía Editorial Continental, México, 1979.

5. Thomson, W. A. R., *Guía práctica ilustrada de las plantas medicinales*, Editorial Blume, Barcelona, 1981.

Relatos de ciencia
se imprimió en los talleres de
Litoarte, S.A. de C.V., San Andrés Atoto 21-A,
colonia Industrial Atoto, Naucalpan, 53519,
Estado de México, en el mes de diciembre de 2001.

El tiraje fue de 45000 ejemplares más sobrantes para reposición.